FOLKO KULLMANN

Selbstversorger Basics

Obst- und
Gemüseanbau
für Anfänger

FOLKO KULLMANN

Selbstversorger Basics

Obst- und Gemüseanbau für Anfänger

INHALT

Die Basics 7

* Im Trend: Marke Eigenanbau 8
* Selbstbestimmt: Was und wie viel? 10
* Alles im Blick: Nutzgärten planen 12
* Welche Arten, welche Sorten? 14
* Grundausstattung für Selbstversorger 16
* Wanted: Was Pflanzen brauchen 18
* Powerfood: Kompost als Dünger 20
* Perfektes Timing: Ernte nach Plan 22
* Eins nach dem anderen: Die Fruchtfolge 24
* Multikulti: Mischkultur im Gemüsebeet 26
* Ausgetrickst: Gegen Wind und Wetter 28
* Raubritter Siebenpunkt & Co. 30
* Im Einklang mit der Natur 32
* Urban Gardening 36

Frühling 39

* Einsteigerbeete für Selbstversorger 40
* Schritt für Schritt: Beete anlegen 42
* Hoch- und Hügelbeete 44
* So klappt die Aussaat 46
* Schritt für Schritt: Aussäen in Töpfen & im Beet 48
* Für Ungeduldige: Setzlinge 50
* Sattmacher: Kartoffeln 52
* Salate: Allroundtalente für Selbstversorger 54
* Salat, Salat, Salat! 56
* Jedes Böhnchen ... Hülsenfrüchte 58
* Blattgemüse und Rüben 60
* Für jeden Geschmack ist etwas dabei 62
* Ganz schön tiefgründig: Wurzelgemüse 64
* Wurzelgemüse 66
* Jetzt stecken, später ernten: Zwiebeln 68
* Zwiebeln, Knoblauch & Co. 70
* Unkraut? Das kann raus! 72
* Süße Früchtchen: Erdbeeren 74
* Es summt und summt: Bienen 76

Sommer 79

* Tomaten, Paprika & Co. 80
* Was für Früchtchen! 82
* Fitnesskur für gesundes Wachstum 84
* Schritt für Schritt: Brennnesseljauche 86
* Kannenschleppen oder Schlauchziehen? 88
* Kräuter, Kräuter, Kräuter 90
* Kräuter: Aromatherapie inklusive 92
* Oh Graus – Pilz und Laus 94
* Beerenfrüchtchen 96

- * Süße Früchtchen — 98
- * Troubleshooting — 100
- * Knackfrisch vom Baum — 102
- * Stein- und Kernobst — 104
- * Balkonien für Selbstversorger — 106

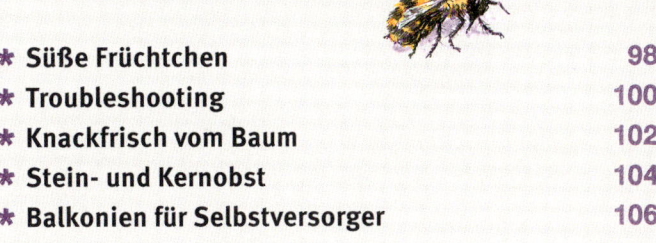

Herbst & Winter — 109

- * Erntezeit im Gemüsegarten — 110
- * Gemüse richtig lagern — 112
- * Einfrieren und einmachen — 114
- * Foraging: Aus der Natur auf den Tisch — 116
- * Wildobst und Nüsse — 118
- * Erntezeit im Obstgarten — 120
- * Obst lagern und haltbar machen — 122
- * Schritt für Schritt: Obstbaum pflanzen — 124
- * Reif für den Winter — 126
- * Vitaminvorrat für kalte Tage — 128
- * Keim- und Grünsprossen — 130
- * Winterblues? Von wegen! — 132
- * Auf das Huhn gekommen — 134

DIE GU-QUALITÄTSGARANTIE

Wir möchten Ihnen mit den Informationen und Anregungen in diesem Buch das Leben erleichtern und Sie inspirieren, Neues auszuprobieren. Bei jedem unserer Produkte achten wir auf Aktualität und stellen höchste Ansprüche an Inhalt, Optik und Ausstattung. Alle Informationen werden von unseren Autoren und unserer Fachredaktion sorgfältig ausgewählt und mehrfach geprüft. Deshalb bieten wir Ihnen eine 100 %ige Qualitätsgarantie.

Darauf können Sie sich verlassen:
Wir legen Wert auf einen nachhaltigen Umgang mit der Natur im eigenen Garten. Wir garantieren, dass:
- alle Anleitungen und Tipps von Experten in der Praxis geprüft und
- durch klar verständliche Texte und Illustrationen einfach umsetzbar sind.

Wir möchten für Sie immer besser werden:
Sollten wir mit diesem Buch Ihre Erwartungen nicht erfüllen, lassen Sie es uns bitte wissen! Wir tauschen Ihr Buch jederzeit gegen ein gleichwertiges zum gleichen oder ähnlichen Thema um. Nehmen Sie einfach Kontakt zu unserem Leserservice auf. Die Kontaktdaten unseres Leserservice finden Sie am Ende dieses Buches.

GRÄFE UND UNZER VERLAG. *Der erste Ratgeberverlag – seit 1722.*

- * Aussaat-, Pflanz- und Erntekalender — 136
- * Adressen und Literatur — 138
- * Register — 140
- * Impressum — 144

DIE BASICS

SELBSTVERSORGUNG? MIT OBST UND GEMÜSE? DAS GEHT? **JA KLAR!** UND ES IST AUCH ÜBERHAUPT NICHT SO SCHWER UND KOMPLIZIERT, WIE ES SICH ZUNÄCHST EINMAL ANHÖRT. AUSGESTATTET MIT EIN PAAR BASIS-INFOS, DEM **RICHTIGEN WERKZEUG,** DEN PASSENDEN PFLANZENSORTEN UND NATÜRLICH EINEM KLEINEN GARTEN, EINEM BALKON ODER EINER TERRASSE STEHT DER **SELBSTVERSORGUNG** NICHTS MEHR IM WEGE.

DIE BASICS

Im Trend: Marke Eigenanbau

Eigenes Obst und Gemüse anzubauen ist einfach klasse. Und mit ein bisschen Planung kann man sich von Frühling bis Spätherbst mit selbst angebautem Obst, Gemüse und frischen Kräutern versorgen.

> Für Einsteiger empfehle ich schnell wachsende und unkomplizierte Gemüse wie Radieschen, Salat, Basilikum, Zucchini und Tomaten, um erste Erfahrungen beim Gärtnern zu machen.

Lohnt sich das überhaupt bei uns, die Selbstversorgung mit Obst und Gemüse? Ist das machbar und sinnvoll? Sicher, in den kalten Wintermonaten ist es nicht möglich, sich mit Tomaten, Paprika und Co. zu versorgen. Aber wenn man sich am saisonalen Gemüse- und Obstangebot orientiert, dann ist es kein Hexenwerk, sich in den Sommermonaten mit Gemüse und frischen Kräutern aus dem eigenen Garten zu verwöhnen. Auch Beerensträucher und Obstbäume bringen jede Menge Ertrag. Während der Erntezeit kann der Einkauf auf dem Markt daher entfallen. Für die Monate danach ist es möglich, einen Teil der Ernte zu konservieren – zu trocknen, einzumachen oder einzufrieren – da kommt auch aus einem kleinen Garten ganz schön was zusammen.

Gemüse und Kräuter

Frühling, Sommer und Herbst, das sind die Jahreszeiten, in denen Gemüsegärtner aus dem Vollen schöpfen können. Die Fülle an frischen Salaten, Kräutern, Erbsen und Bohnen, Tomaten und Zucchini aus dem Garten scheint kein Ende zu nehmen. Auch hier lässt sich durch raffinierte Sortenwahl die Erntesaison verlängern oder optimal ausschöpfen. Es gibt sogar »Salate« (eigentlich eher Blattgemüse), die noch in den Wintermonaten auf den Beeten gedeihen. Viele Gemüse wie Zwiebeln und Wurzelgemüse lassen sich gut einlagern und halten viele Monate, wenn die Bedingungen stimmen. Mit getrockneten Bohnen und Erbsen, sauer eingelegten Gurken, Paprika und Kürbis sowie tiefgefrorenen Schnippelbohnen, Brokkoli- und Blumenkohlröschen wird die

Mehr als ein paar Quadratmeter Gemüsegarten sind nicht nötig.

Im Trend: Marke Eigenanbau

Eigenes Gemüse und Obst zu ernten ist einfach das Größte. Perfekt, wenn man sich dann noch den Gang auf den Markt sparen kann.

kalte Jahreszeit problemlos überbrückt. Alles eine Frage der Planung und der Disziplin – denn man sollte nicht alles gleich essen!

Obst

Wohl dem, der einen Garten mit großen Obstbäumen sein Eigen nennt oder einen solchen übernehmen kann. Dann fallen im Sommer und Spätsommer Kirschen, Äpfel, Birnen, Zwetschgen und Pflaumen an, die frisch verzehrt werden können oder als Kompott, Marmelade oder Trockenobst den Vorratskeller füllen. Viele Obstsorten wie Birnen, Lageräpfel und Nüsse halten durchaus einige Monate bis in den Spätwinter hinein. Beim Beerenobst lässt sich durch geschickte Sortenwahl die Saison verlängern, sodass von Juni bis September immer wieder für Nachschub gesorgt ist. So gibt es beispielsweise Himbeersorten, die schon Ende Mai die ersten Früchte tragen, andere fruchten im Sommer, und Herbsthimbeeren werden erst im August oder September reif. Obst und Beeren können ebenfalls sehr gut eingekocht oder eingefroren werden.

Tierische Lebensmittel

Jeden Tag ein frisches Frühstücksei oder ab und zu ein Sonntagsbraten, das hat schon was. Die Haltung von Nutztieren, selbst kleinen wie Hühnern, Enten und Kaninchen, bedeutet aber eine enorme Verantwortung und ist auch nicht überall möglich oder erlaubt. Bei größeren Arten wie Gänsen, Puten oder gar Schafen und Ziegen kommen noch jede Menge Auflagen und gesetzliche Bestimmungen dazu. Daher widmet sich dieses Buch nur dem Anbau von Obst, Gemüse und Kräutern zur Selbstversorgung, von den kleinen Exkursionen in die Bienenhaltung (→ Seite 76) und zu einem Gemüsegarten mit Hühnern (→ Seite 134) mal abgesehen.

DIE BASICS

Selbstbestimmt: Was und wie viel?

Bevor es an die Anlage eines Selbstversorgergartens geht, muss man sich erst einmal darüber klar werden, was man möchte und wie viel Zeit man erübrigen kann. Dann ist der Erfolg (fast) garantiert.

> Wer ab und zu abends und dann am Wochenende Zeit zum Gärtnern hat, für den ist ein Gemüsegarten mit 50 bis 100 Quadratmetern der ideale Einstieg in die Selbstversorgung.

Soll Ihr Gemüsegarten vom Platz- wie auch vom Zeitaufwand her überschaubar bleiben, helfen ein paar Überlegungen, vorab zu klären, mit welchem Obst und Gemüse man sich im Laufe des Jahres selbst versorgen kann. Es gibt eine Menge Arten, mit denen das prima klappt, weil sie wenig Raum beanspruchen, schnell wachsen oder weil man sie – wie Knoblauch – nicht in größeren Mengen braucht. Andere wie Kopfkohl benötigen viel Platz im Verhältnis zur Erntemenge. Und schließlich lassen sich nicht alle Pflanzen in jeder Region gleich gut anbauen.

Was will ich?

Die erste Frage lautet: »Welches Obst, welches Gemüse esse ich am häufigsten?« bzw. »Was kommt in der Küche regelmäßig in den Topf oder auf den Teller?« Sind Sie Salatliebhaber, der jede Woche zwei Köpfe Salat verbraucht, oder Italienfan, bei dem es gar nicht genug Tomaten, Zucchini, Zwiebeln, Knoblauch oder Paprika und Auberginen geben kann? Oder mögen Sie es eher bodenständig, knackig und herzhaft: Dann sind Wurzelgemüse wie Möhren, Pastinaken, Rüben, Rettiche und Kohlrabi angesagt. Als Erstes erstellt man also eine Liste der Arten und Sorten, die angebaut werden sollen. Das gilt grundsätzlich auch für Obstbäume und Beerensträucher, sofern sie noch nicht im Garten wachsen, doch hier muss man sich aus Platzgründen meist eher beschränken (außer bei Erdbeeren).

Wie viel Platz ist nötig?

Je größer, desto besser? Nicht unbedingt, denn je mehr Beete vorhanden sind, desto mehr Gemüse wächst heran, will regelmäßig gegossen, gepflegt, geerntet und gegessen oder zumindest verarbeitet werden.
Eine Fläche von rund 100 Quadratmetern für den Gemüsegarten reicht durchaus, um einen Vier-Personen-Haushalt mit einer Vielzahl an Gemüse zu versorgen. Wenn dann noch 4–10 Obstbäume dazukommen und eine Hecke mit Beerensträuchern, füllen sich Kühlschrank, Keller und Speisekammern ziemlich schnell mit leckeren Vorräten.

Kräuter gehen immer und wachsen fast von alleine: ideal für Selbstversorger!

Selbstbestimmt: Was und wie viel?

Kleingärten und Schrebergärten haben genau die richtige Größe für Selbstversorger-Einsteiger.

Wo der Boden nicht optimal ist, wird im Hochbeet gegärtnert.

Wie viel Zeit brauche ich?

Hier gilt die einfache Formel: Je größer der Nutzgarten, desto höher ist der Zeitaufwand. Für 100 Quadratmeter Gemüsegarten muss man schon 2 Stunden pro Tag einplanen, denn mit dem Aussäen und Pflanzen ist es ja nicht getan. Der Richtwert von 2 Stunden pro Tag muss jedoch nicht sklavisch eingehalten werden. Vor allem in den heißen Sommermonaten ist es nötig, regelmäßig, manchmal sogar täglich zu gießen (zumindest die frischen Aussaaten und zarten Jungpflänzchen), um das Unkraut wie auch andere unerwünschte Nutznießer in Schach zu halten. Wer unter der Woche weniger Zeit hat, kümmert sich einfach am Wochenende intensiver um seinen Garten.

Obstbäume sind da deutlich anspruchsloser. Sie wachsen mehr oder weniger von alleine und brauchen, wenn sie 2–3 Jahre nach der Pflanzung richtig angewachsen sind, keine zusätzliche Bewässerung. Nicht zuletzt verlangen sie auch im Laufe des Jahres nicht so viel Pflege wie Gemüse.

Arten- und Sortenwahl

Mit geschickter Arten- und Sortenwahl kann man sich das Gärtnerleben vereinfachen. Für Selbstversorger gilt: Je länger und häufiger von ein und derselben Pflanze geerntet werden kann, desto höher ist der Ertrag. Während Kopfsalat nur einmal geerntet wird, liefern Pflücksalate wochenlang frische Blätter. Sprossenbrokkoli bildet über mehrere Monate immer wieder neue Knospen. Und Grünkohl bzw. Palmkohl lassen sich sogar bis in das kommende Jahr hinein nutzen, wenn man ihre Blätter nach und nach von unten nach oben abertntet.

Zusätzlich kann die Beetfläche besser ausgenutzt werden, wenn statt direkt gesäter Pflanzen kleine, vorgezogene Setzlinge ins Beet kommen. Bei wärmeliebenden Arten wie Tomate, Zucchini oder Gurken geht es ohnehin nicht ohne entsprechende Vorkultur (→ Seite 46), aber auch Salat, Kohl, Zwiebeln, Lauch und Bohnen können so schneller geerntet und das Beet für den nächsten Satz (→ Seite 23) vorbereitet werden.

Alles im Blick: Nutzgärten planen

Klingt zweckdienlich, kann aber auch schön aussehen und ein echter Hingucker sein: Damit Ihr Nutzgarten Augen und Gaumen gleichermaßen verwöhnt, ist allerdings ein bisschen Planung nötig.

Info

Ein Wasseranschluss in der Nähe des Gemüsebeetes ist praktisch und erspart Gießkannenschlepperei. Wer mit dem Schlauch gießt, setzt kleine Schlauchführungen an die Beetkanten, damit der Schlauch beim Gießen nicht durchs Gemüse schleift.

Zunächst stellt sich die Frage: »Wo ist im Garten der beste Platz für Obst und Gemüse?« Die Antwort ist einfach: »In der Sonne.« Sämtliche Gemüsesorten wachsen am besten an einem vollsonnigen Standort. Das gilt auch für die großen Obstbäume. Bei den Beerensträuchern reicht dagegen ein halbschattiger Platz. Wichtig: Auch dort müssen die Pflanzen mindestens 6 Stunden pro Tag in der vollen Sonne stehen. Gemüsebeete werden am besten in Nord-Süd-Richtung angelegt. Nur dann ist gewährleistet, dass alle Pflanzen gleich viel Sonne abbekommen. Verläuft das Beet dagegen in Ost-West-Richtung, erhalten die Pflanzen auf der Südseite mehr, die auf der Nordseite weniger oder sogar zu wenig Licht.

Die richtige Größe

Damit die Gemüsebeete bequem bearbeitet werden können, sollten sie nicht breiter als 1,20 Meter sein. So sind die Pflanzen von jeder Seite aus gut mit dem Arm oder mit Gartengeräten wie einer Hacke zu erreichen. Bei der Länge haben sich 2–3 Meter bewährt. Sind die Beete länger, reichen aber auch ein paar Trittplatten oder ein Brett, um von einer Seite zur anderen zu gelangen. Obstbäume brauchen natürlich mehr Platz: Ein ausgewachsener Kirsch-, Apfel- oder Birnbaum, als Hochstamm gezogen, nimmt gut und gerne 50 Quadratmeter Platz ein. Es sei denn, man behilft sich mit kleinen Buschbäumen oder zieht sie als Spalier.

Einfassungen

Mit oder ohne Rahmen? Das ist die nächste Frage bei den Gemüsebeeten. Mit Leisten oder Planken eingefasste Beete haben den

In fast jedem Garten findet sich Platz für ein Gemüsebeet. Hauptsache sonnig.

Vorteil, dass die Erde beim Bearbeiten nicht auf die Wege fällt, umgekehrt wachsen Gras und Unkraut nicht so einfach zwischen das Gemüse. Beete ohne Einfassung sind dagegen weitaus flexibler und lassen sich leichter umgestalten, teilen oder gar vergrößern. Nicht nur die Beete, auch der ganze Garten kann und sollte mit einem kleinen Zaun eingefasst werden. Schließlich will man vermeiden, dass Hunde oder Katzen zwischen den Salatköpfen und Radieschen ihr Geschäft verrichten. Lattenzäune sind besonders hübsch, dazu sind sie flexibel und können einfach umplatziert werden, beispielsweise bei einer Erweiterung der Beete.

Niedrige Einfassungshecken aus Buchs, wie sie früher in Bauerngärten allgegenwärtig waren, lassen sich heutzutage kaum noch pflanzen, da die Raupen des Buchsbaumzünslers, einem Kleinschmetterling, den Pflanzen den Garaus machen.

Bunte Beete

Um und im Gemüse- und Obstgarten sollten Sie viele Blumen, Stauden und einjährige Sommerblumen pflanzen. Das sieht nicht nur schön aus, sondern lockt auch viele nützliche Insekten wie Flor- und Schwebfliegen an, deren Larven Blattläuse fressen, dazu unzählige Bestäuber wie Bienen, Hummeln, Wildbienen und Schmetterlinge.

Pollenspender

Viele Obstbäume tragen mehr und bessere Früchte, wenn die Blüten von einer anderen Sorte bestäubt werden. Darum am besten immer 2 verschiedene Sorten pflanzen.

Ein Lattenzaun trennt den Gemüsegarten vom Rest des Grundstücks.

Verschiedene Formen und Farben: Pflücksalate sorgen für Abwechslung im Beet.

Welche Arten, welche Sorten?

Ob Kräuter, Gemüse, Obst oder Beeren – die Auswahl zwischen verschiedenen Sorten ist riesig! Gut zu wissen: Viele Sorten liefern besonders hohe Erträge oder können lange beerntet werden.

Was bei Obst und Beeren selbstverständlich ist, gilt auch für Gemüse, und zwar für weitaus mehr Arten als Salat, Sellerie und Kohl. Möhren gibt es nicht nur in Orange, sondern auch in Gelb, Cremeweiß und Purpurrot, »Rote« Bete wartet mit rot-weiß geringelten oder gelben Sorten auf, und auch bei Salaten ist die Vielfalt an Blattfarben und -formen enorm. Allerdings sind gerade die ursprünglichen Sorten für Selbstversorger ideal, da sie nicht so hochgezüchtet und anspruchsvoll sind wie moderne Hybriden.

Bei der Wahl spielt auch der Anbauzeitraum eine Rolle. Manche Sorten wachsen besser im Frühjahr oder Herbst, weil sie mehr Kälte vertragen, andere sind an trockenes Sommerwetter angepasst und bilden trotz warmer Witterung keine vorzeitigen Blüten. Beim Obst können Sie entscheiden zwischen Früchten, die am besten gleich verzehrt oder verarbeitet werden und anderen, die sich zum Einlagern eignen. Manche Birnensorte schmeckt erst dann richtig gut, wenn sie nach der Ernte noch ein paar Wochen nachgereift ist.

Samenechte Sorten

Zur Selbstversorgung gehört auch, dass von den Lieblingsgemüsen ein oder zwei Exemplare nicht geerntet werden, sondern Blüten und Samenstände bilden dürfen. Das hiervon geerntete Saatgut kann in der nächsten Saison zur Anzucht von Jungpflanzen verwendet werden. Das funktioniert aber nur mit sogenannten »samenechten« Sorten. Samenecht bedeutet, dass die Nachkommen in allen Eigenschaften der Elternpflanze entsprechen. Viele moderne Hybridsorten (Zusatz »F1« im Sortennamen) bringen zwar hohe Erträge, werden aber als Kreuzung unterschiedlicher Sorten gezüchtet, die sich in der Folgegeneration wieder aufspalten, sodass die Nachkommen enorm variieren.

Sprossenbrokkoli kann viele Wochen lang beerntet werden.

Clever gemacht

TOP-3-SELBSTVERSORGERGEMÜSE:

1. Zwiebeln
Zwiebeln sind Multitalente in der Küche und noch dazu einfach anzubauen. Pro Person rechne ich pro Woche mit 250 g Zwiebeln, also 12,5 kg im Jahr. Bei ca. 1 kg/m und 4 Reihen/Beet reicht ein Beet von ca. 3 m Länge.

2. Zucchini
Es gibt kaum ein Gemüse, mit dem man sich einfacher versorgen kann. Von Juli bis Oktober ist Saison, pro Person reichen 1–2 Pflanzen. Verschiedene Sorten in Grün und Gelb sorgen für Abwechslung und Farbe auf dem Teller.

3. Kartoffeln
Gut 1,5 kg/m² bei Früh- und 1,5–3 kg/m² bei Spätkartoffeln erwarte ich jedes Jahr. Da reichen 10–20 m² für den Jahresbedarf locker aus. Sie müssen also für die Kartoffelernte nicht zum Großgrundbesitzer werden!

DIE BASICS

Grundausstattung für Selbstversorger

Als Selbstversorger braucht man keine besonderen Gartenwerkzeuge. Für den Anfang reicht die übliche Grundausstattung, die nach Bedarf ganz einfach erweitert werden kann.

Zur üblichen Grundausstattung gehören Harke und Rechen, ein Spaten, dazu ein paar kleine Handgeräte, wie sie meist ohnehin im Garten vorhanden sind. Handschaufel und Blumengabel sind nützlich, um Pflanzlöcher auszuheben, und zum Ziehen von Rillen bei der Aussaat. Mit einer Harke können Sie die Erde zwischen den Reihen oder Pflanzen auflockern. Mit einem Rechen zieht man die Substratoberfläche im Beet glatt, damit man leichter säen und pflanzen kann. Zum Entfernen welker Blätter, zum Schneiden von Gartenschnur und zum Ernten ist ein einfaches Küchenmesser hilfreich. Es gibt aber auch spezielle Gärtnermesser mit einer geschwungenen Klinge. Eine Gartenschere für alle Schnittarbeiten ist genauso unentbehrlich wie eine Gießkanne und/oder ein Schlauch zum Bewässern der Pflanzen. Handschuhe aus Stoff oder Leder sind vor allem dann sinnvoll, wenn Sie eine empfindliche Haut haben. Sie schützen vor Schmutz und Blatthärchen von Gurken und Zucchini, die Juckreiz oder Rötungen verursachen.

> Qualität hat ihren Preis, lohnt sich aber! Hochwertige Geräte und Werkzeuge halten (fast) ein ganzes Gärtnerleben. Die Astschere und der Spaten, die ich vor über 20 Jahren von meinem Ausbildungsbetrieb bekommen habe, sind immer noch im Einsatz!

Grubber, Schaufel, Harke, Grabegabel, Hacke, Spaten, Gießkanne, Eimer – die Grundausstattung braucht kaum Platz.

Links- oder Rechtshänder?

Vor allem bei Scheren ist es wichtig, dass Sie diese vor dem Kauf ausprobieren. Es gibt Modelle für Linkshänder und verschiedene Größen für unterschiedlich große Hände.

Nützliches Zubehör

Zusätzlich sind folgende Gartenutensilien nützlich: Garten- oder Bindeschnur, Draht, Unkrautvlies, durchsichtige Folie zum Abdecken, Holz- und Bambusstäbe zum Stützen und Etiketten. Zum Sammeln und Transport von Pflanzenresten, Erntegut und Kleinwerkzeug ist ein Eimer oder Gitterkorb hilfreich.

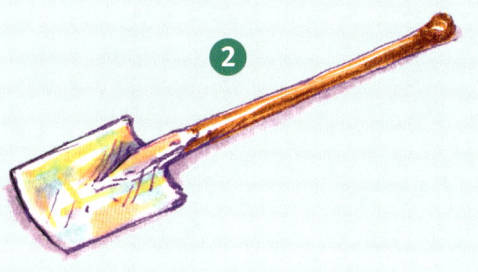
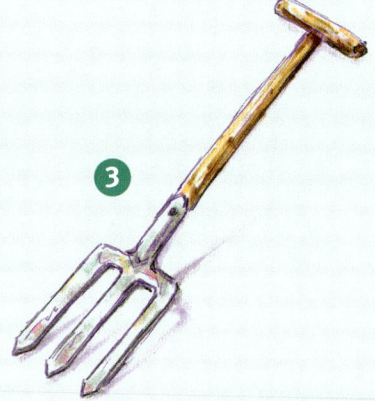

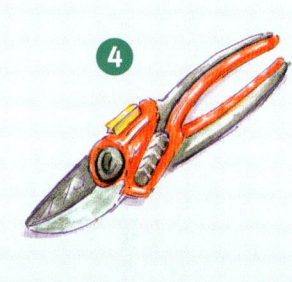
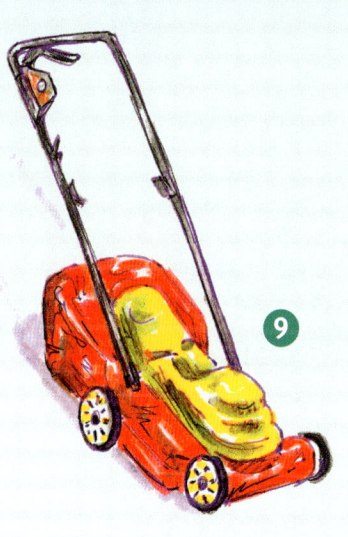
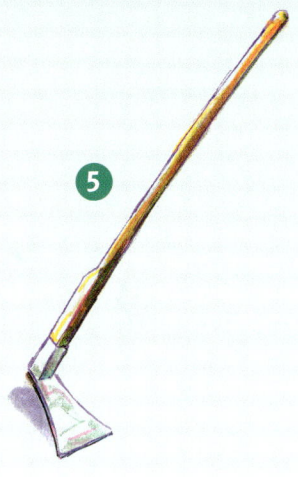

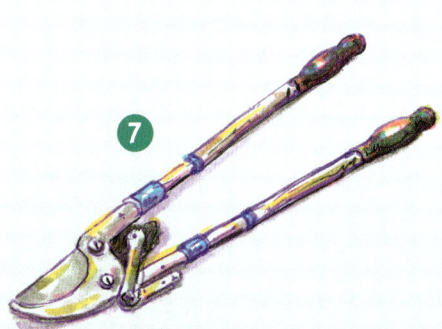
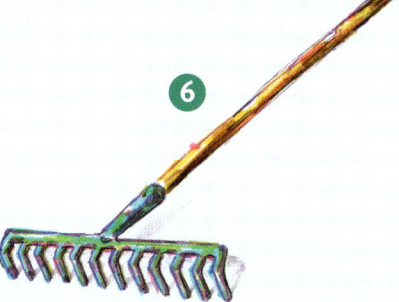

1. Gießkanne Ohne geht's nicht im Gemüsegarten. Es gibt sie in allen Formen und Größen. Haltbar sind Modelle aus Metall, ideal 10–15 l Füllvolumen.
2. Spaten Ihr Freund und Helfer beim Graben, Pflanzen- und Wurzelabstechen.
3. Grabegabel Perfekt für schwere, lehmige Böden und zum Auflockern. Wichtig sind stabile Zinken – hier ist Wertarbeit gefragt.
4. Gartenschere Die Verlängerung der Hand beim Gärtnern. Schnippeln kann man immer.
5. Hacke Zum Lockern und Unkrautjäten.
6. Harke Hilft beim Rasen- und Laubrechen sowie zum Glattziehen frisch bearbeiteter Beete.
7. Astschere Für dicke Zweige und Äste – und das nicht nur im Obstgarten.
8. Schubkarre Obwohl sperrig und meist wenig ansehnlich, ist sie ein unentbehrlicher Gartenhelfer.
9. Rasenmäher Rasen mähen, Laub zerkleinern, kleine Zweige und Heckenschnitt häckseln – für kleine Flächen reicht ein Spindelmäher, ab 100 m² ist ein Elektro- oder Akkumäher besser geeignet.
10. Handschaufel Zum Pflanzen, als Unkrautstecher, zum Umtopfen und und und ...

DIE BASICS

Wanted: Was Pflanzen brauchen

Pflanzen brauchen Licht, Wasser und Nährstoffe. Licht kann nur durch den Standort und die Ausrichtung des Beetes beeinflusst werden. Bewässerung und Düngung hat man als Gärtner in der Hand.

> **Info**
> Regenwasser ist eine ideale, kostenlose Quelle für das kostbare Nass. Zum Auffangen und Speichern gibt es attraktive Behälter, es müssen also nicht immer die normalen blauen oder grünen Regentonnen sein.

Nimm drei: Nur wenn die entscheidenden Wachstumsfaktoren stimmen, können Pflanzen optimal gedeihen und Früchte tragen.

Licht

Licht benötigen Pflanzen, um in den Blättern mithilfe des grünen Blattfarbstoffs (Chlorophyll) Kohlendioxid aus der Luft mit Wasser aus dem Boden zu Sauerstoff und Traubenzucker umzubauen. Der Traubenzucker ist der Ausgangsstoff für alle anderen Substanzen, die die Pflanze produziert. Fast alle Gemüse bevorzugen einen vollsonnigen Platz. Lediglich Salat, Spinat und Kohlrabi wachsen noch ganz ordentlich, wenn sie halbschattig stehen. Beim Obst gilt die Regel: Beeren vertragen auch Halbschatten, alle anderen brauchen volle Sonne.

Gießen

Wasser ist das A und O beim Gärtnern – ohne das erfrischende Nass vertrocknen Pflanzen und können keine Nährstoffe mehr aufnehmen. Im Garten erhalten die Pflanzen normalerweise durch den Regen ausreichend Feuchtigkeit. Im Gemüsegarten sollten Sie während langer Hitze- und Trockenperioden zusätzlich gießen, sonst werden die Rettiche scharf oder die Salate schlapp. Damit Ihre Pflanzen das wertvolle Wasser optimal ausschöpfen können, sollte man die folgenden Regeln beherzigen:

* Gießen Sie am besten frühmorgens. Wenn Sie mittags wässern, verdunstet ein großer Teil des Wassers aufgrund der höheren Temperaturen. Wer abends gießt, bereitet Schnecken eine ideale Kriechbahn. Außerdem können sich Pilzkrankheiten leichter ausbreiten.

Erbsen können wie alle Hülsenfrüchte Stickstoff aus der Luft verwerten.

* Nicht zu zögerlich! Durchdringendes Gießen ist besser, da das Wasser tief in den Boden einsickert. So werden die Pflanzen angeregt, lange Wurzeln zu bilden und finden auch noch Wasser, wenn die oberen Schichten einmal austrocknen.
* Gießen Sie wenn möglich immer »von unten« zwischen die Pflanzen und nicht über die Blätter und Triebe. Feuchte Pflanzenteile sind anfälliger für Pilzinfektionen.

Düngen

Pflanzen brauchen zum Wachsen verschiedene Nährstoffe: Stickstoff (N), Phosphor (P) und Kalium (K) sind die Hauptnährstoffe. Außerdem benötigen sie Magnesium (Mg) und Kalzium (Ca) sowie Spurenelemente wie Bor, Mangan, Zink und Eisen. Diese Nährstoffe nimmt die Pflanze aus dem Boden auf. Wird geerntet, müssen diese »nachgefüllt« werden, und zwar in Form von mineralischen oder organischen Düngern.

* In mineralischem Dünger liegen die Nährstoffe pur, also in ihrer Reinform vor. Sie sind wasserlöslich, können direkt aufgenommen werden und wirken sehr schnell.
* Organische Dünger stammen aus pflanzlichen oder tierischen Rohstoffen und werden im Boden durch Mikroorganismen aufgeschlossen. Dadurch geben sie ihre Nährstoffe langsamer und gleichmäßiger an den Boden ab. Gut für das Bodenleben und gesundes Wachstum!
* Pflanzen können Nährstoffe nur aufnehmen, wenn genug Feuchtigkeit im Boden vorhanden ist. Daher ist es wichtig, nach dem Düngen immer ordentlich zu gießen, sonst kann es zu Wurzelschäden kommen.

Artenvielfalt: Neben Hornmehl und Hornspänen gibt es Dünger als Pellets, Granulat oder in kristalliner Form.

Flüssigdünger wirkt schnell und ist ideal für Kräuter und Gemüse in Töpfen und Kästen.

DIE BASICS

Powerfood: Kompost als Dünger

Wie praktisch: Alle organischen Materialien, die in Haus und Garten anfallen, müssen nicht entsorgt, sondern können kompostiert und in wertvollen Humusdünger verwandelt werden.

> Kompost ist ein natürlicher organischer Dünger. Dennoch sollte er nicht überdosiert werden. Als Basisdüngung reichen 1–2 l/m². Zu viel bringt das Nährstoffgleichgewicht im Boden durcheinander.

Einen Kompost braucht jeder Garten, denn Recycling gehört zur Selbstversorgung einfach dazu. Ganz nebenbei bietet er nützlichen Insekten und anderem Getier Unterschlupf, die mithelfen, unerwünschte Gemüsekonkurrenten in Schach zu halten.

Kompostbehälter

Regenwürmer, Asseln und eine Heerschar von für das Auge unsichtbaren Mikroorganismen verwandeln Erntereste und Küchenabfälle, Hecken- und Rasenschnitt sowie Laub in wertvollen Humus, Mulch und Bodenverbesserer. Als Kompostbehälter eignen sich einfache Lattenkomposter, am besten aus beständigem Lärchen- oder Douglasienholz. Der Abstand zwischen den Latten sollte ca. 3–5 cm betragen. So fällt das Material nicht aus dem Kompost heraus und bekommt trotzdem genug Sauerstoff aus der Luft. Das ist noch wichtig beim Kompostieren:

* Der Komposter darf unten nicht geschlossen sein, sonst können die Bodenlebewesen nicht hineingelangen.
* Einfache Drahtbehälter eignen sich gut zum Kompostieren von leichtem und lockerem Grüngut wie Laub und Blättern.
* Geschlossene Komposter sind nur notwendig, wenn gekochte Essensreste verwertet werden sollen und man kein Ungeziefer anlocken möchte.
* Kompoststarter oder -beschleuniger sind zwar nicht wirkungslos, eine Handvoll gute Gartenerde oder reifer Kompost erfüllt jedoch denselben Zweck.

Beim Kompostieren wird das Material heiß, was zugleich die Unkrautsamen dezimiert. Ich kompostiere also auch Ernterückstände oder Fallobst. Lediglich bei kranken Pflanzenteilen und Wurzelunkräutern gehe ich auf Nummer sicher: Diese Art von Gartenabfällen wandert besser in die Hausmülltonne.

Alle organischen Küchenabfälle und Gartenreste kommen auf den Kompost.

Clever gemacht

KOMPOSTMIETE:

Ein paar alte Bretter reichen, wer es komfortabler mag, kann einen Bausatz aus dem Gartencenter oder Baumarkt verwenden. Auch aus Paletten kann ein Kompost gebaut werden.

* Als Erstes nageln oder schrauben Sie die Latten der Seitenwände auf die Eckpfosten. Zwischen den Latten muss ein Spalt bleiben, damit Luft an das Material im Kompost gelangt.
* Anschließend werden die Seitenteile gegenüber aufgestellt und die Latten der Rückseite und der Front angeschraubt. Am besten geht das zu zweit, einer hält, einer schraubt.
* Der Boden bleibt offen, damit Regenwürmer und anderes Getier an das Material im Kompost gelangen können.

Die Mischung macht's

Das »Braune« muss zum »Grünen«, das ist die einfache Formel für den besten Kompost. Braune, trockene Gartenabfälle wie Laub, Äste usw. enthalten wenig Stickstoff, dafür sorgen sie für Struktur. Damit sie schneller verrotten, brauchen sie grüne, also frische Pflanzenreste, Rasen- und Heckenschnitt, Küchenabfälle und Erntereste. Wenn das Material zu nass ist, was bei Rasenschnitt oft vorkommt, dann sollte es vorher leicht antrocknen, damit der Kompost nicht gärt oder fault – und dann auch schnell stinkt. Aber keine Panik, wenn das doch einmal passiert. Einfach etwas lüften und lockern, dann trockenes Material dazumischen, und schon löst die Natur das Problem von selbst. Damit der Rotteprozess nicht so lange dauert, zerkleinere ich grobe Äste, Zweige und trockenes Herbstlaub vor dem Einfüllen mit einem Häcksler oder dem Rasenmäher. Wenn sich am Rand des Komposts weiße Pilzrasen zeigen, ist das Material zu trocken. Dann hilft nur Wässern. Je nach Witterung ist der Kompost nach einem halben bis einem Jahr reif und kann gesiebt und im Garten unter Hecken, in den Beeten oder auf dem Rasen ausgebracht werden. Grobe Stücke, die im Kompostsieb hängen bleiben, kommen wieder zurück auf den Haufen.
Und: Nie mit der Mistgabel in den Kompost stechen! Es könnte ein Igel darin wohnen.

DIE BASICS

Perfektes Timing: Ernte nach Plan

Selbstversorger planen vor – damit ab Frühling bis in den Herbst der Nachschub von Zwiebeln, Salat, Möhren und Co. nicht abreißt. Denn am besten schmeckt die Ernte frisch aus dem Garten.

Die Anbauplanung erscheint auf den ersten Blick ganz schön kompliziert. Da soll man Fruchtfolgen beachten, bestimmte Gemüse nicht neben anderen anbauen und nach einer Saison eine »Anbaupause« einlegen. Auch wenn sich das verzwickt anhört, lohnt es sich, für die Selbstversorgung ein bisschen in die Materie einzusteigen, denn man möchte ja nicht nur ein paar Radieschen als Salatbeigabe ernten. Dennoch muss sich niemand sklavisch an die Vorgaben halten, denn die Pflanzen gedeihen fast immer gut, die Natur findet auch im Garten ihren Weg, und Ihre Zöglinge wachsen.

Mengenplanung

Bei der Anbauplanung hilft es ungemein, wenn Sie Ihre normalen Gemüseeinkäufe auf dem Markt oder im Supermarkt über einen bestimmten Zeitraum in einem Notizbuch aufschreiben. Wer weiß schon, wie viele Salatköpfe pro Woche in der eigenen Küche verbraucht werden, wie viele Kartoffeln oder Tomaten? Nach ein paar Wochen Protokollführen können die benötigten Mengen abgeschätzt werden. Leider gibt es keine allgemeingültige Faustregel zur Berechnung des eigenen Bedarfs, denn dazu sind die Geschmäcker, die Anzahl der Personen in einem Haushalt oder die Möglichkeiten zur Vorratshaltung im Keller oder in einer Tiefkühltruhe zu unterschiedlich. Am einfachsten lässt sich dieser noch bei »Einzelgemüse« wie Zwiebeln bestimmen. Zwei Zwiebeln pro Woche und Person machen 100 Zwiebeln im Jahr. Bei der Anbauplanung rechne ich immer noch einen Puffer von 10–20 % ein, denn auch

Stangenbohnen werden über 3 m hoch. Der Schattenwurf muss beim Pflanzen berücksichtigt werden.

Perfektes Timing: Ernte nach Plan

Mix 'n' match ist die Devise im Salatbeet – und später in der Schüssel.

Optimale Platzausnutzung bringt hohe Erträge im Selbstversorgergarten.

bei der besten Pflege können Krankheiten oder Schädlinge den Ertrag mindern. Bei den Porträts von Gemüsepflanzen sind daher die durchschnittlichen Erträge pro Quadratmeter oder Pflanze angegeben, damit Sie die benötigten Mengen einfach ausrechnen können.

Anbau in Sätzen

Gemüse mit relativ kurzer Kulturdauer wie Möhren, Salat, Frühlingszwiebeln, Bohnen oder Erbsen und Kräuter wie Kerbel, Dill, Kresse oder Rucola werden satzweise angebaut. Damit ist gemeint, dass Sie im Abstand von 2–4 Wochen kleinere Mengen Samen aussäen oder Setzlinge pflanzen. So wird nicht zu viel Gemüse einer Sorte auf einmal reif, stattdessen ernten Sie mehrmals im Jahr kleinere Mengen für den Frischverzehr oder zum Verarbeiten. Am einfachsten funktioniert das mit vorgezogenen Jungpflanzen: Immer wenn etwa ein Pflücksalat zur Hälfte abgeerntet ist, pflanzen Sie nach. Bei gesätem Salat sorgen Sie für Nachschub, sobald dieser 2 richtige Blätter hat. Bei Schnittsalat und Kerbel ist es dagegen einfacher, die Pflanzen komplett abzuernten und alle 10–14 Tage neu zu säen. Wenn Sie auch zur Vorratshaltung anbauen, müssen die Mengen entsprechend erhöht werden.

> Vorgezogene Jungpflanzen werden meist in Schalen mit 9 oder 12 Setzlingen angeboten. So bekommt man unweigerlich ein paar Wochen oder Monate später eine wahre Ernteschwemme. Besser: Auf dem Wochenmarkt gibt es Jungpflanzen auch einzeln, sodass man nur so viele kaufen muss, wie man wirklich braucht.

DIE BASICS

Eins nach dem anderen: Die Fruchtfolge

Das Prinzip der Fruchtfolge oder des Fruchtwechsels stammt aus der Landwirtschaft und verhindert, dass der Boden, die wertvollste Grundlage beim Pflanzenbau, ausgelaugt oder überstrapaziert wird.

> Da im Laufe des Jahres viele verschiedene Gemüse im Garten angebaut werden, passiert es leicht, dass man den Überblick verliert, was wann und wo gewachsen ist. Ein Gartentagebuch ist daher eine große Hilfe.

Fruchtfolge

Als Fruchtfolge oder Fruchtwechsel bezeichnet man den jährlichen Anbauwechsel von verschiedenen Gemüsearten. Der Hintergrund dabei ist, dass Gemüse aus derselben Pflanzenfamilie nur in einem Abstand von 3–4 Jahren auf derselben Fläche und in derselben Erde wachsen sollten. Damit verhindern Sie, dass sich Krankheitserreger wie Pilze oder Nematoden (Wurzelälchen) im Boden immer stärker ausbreiten. Vor allem Kreuzblütler, zu denen alle Kohl-Arten gehören, aber auch Rucola, Gartenkresse, Kohlrabi und Rettiche sind anfällig für die gefürchtete Kohlhernie. Das ist eine Wurzelkrankheit, deren Erreger viele Jahre im Boden überdauern. Wenn Sie erst nach 4 oder mehr Jahren wieder Kohl auf der Beetfläche anbauen, sinkt das Infektionsrisiko.

Nährstoffbedarf

Ein weiterer Aspekt, der bei der Fruchtfolge berücksichtigt wird, ist der Nährstoffbedarf. Gemüse und Kräuter werden in Stark-, Mittel- und Schwachzehrer eingeteilt, je nachdem, wie viele Nährstoffe sie benötigen.

* Starkzehrer sind beispielsweise Tomaten, Knollensellerie, Kohl, Zucchini und Kürbis. Sie bekommen ungefähr 5–10 l Kompost pro Quadratmeter.
* Mittelzehrer sind Mangold, Möhren, Rote Bete und Salate sowie Spinat. Hier reichen 3–7 l Kompost pro Quadratmeter aus.
* Zu den Schwachzehrern zählen Erbsen, Bohnen, Kräuter, Zwiebeln, Puffbohnen und Lauch. Ihnen reichen 2–5 l Kompost pro Quadratmeter als Nährstoffvorrat.

Beim Anbau werden die Beete dann im Jahresrhythmus gewechselt: erst Starkzehrer, dann Mittelzehrer und im letzten Jahr die Schwachzehrer. Ein viertes Beet bleibt den Dauergemüsen wie Rhabarber, Spargel und

Kleine Beeteinheiten erleichtern die Fruchtfolge. Jedes Jahr wird im Uhrzeigersinn gewechselt.

Artischocken vorbehalten. Auch Erdbeeren können mehrere Jahre an der gleichen Stelle wachsen. Sie müssen erst nach 3–4 Jahren in ein neues Beet umziehen.

Pflanzenfamilien

Wie alle Pflanzen werden auch Gemüse und Kräuter botanisch in unterschiedliche Familien eingeteilt. Diese zu kennen hilft bei der Planung der Fruchtfolge. Die Arten derselben Familie sollten nicht nacheinander im selben Beet angebaut werden!

* **Doldenblütler** sind Möhren, Pastinaken, Wurzelpetersilie, Fenchel, Sellerie, Liebstöckel, Petersilie und Dill.
* **Fuchsschwanzgewächse** zählen auch Spinat und Rote Bete zu ihren Vertretern.
* Zu den **Gänsefußgewächsen** gehören Mangold, Melde und Guter Heinrich.
* **Kohlgewächse** sind Brokkoli, Radieschen, Rettich, Rüben, Blumenkohl und verschiedene Asia-Salate.
* **Korbblütler** umfassen die Salate.
* Als **Kürbisgewächse** bezeichnet man Gurken, Zucchini und Kürbisse.
* **Nachtschattengewächse** haben viele Angehörige unter den Gemüsepflanzen, wie beispielsweise Tomaten, Paprika und Chili, Auberginen und Kartoffeln.
* **Schmetterlingsblütler** (Hülsenfrüchte) sind Bohnen, Erbsen und Puffbohnen.
* Zu **Lauchgewächsen** zählen Küchen- und Frühlingszwiebeln, Schnittlauch und Schalotten, Knoblauch sowie Porree (Lauch).
* **Erdbeeren** gehören zu den Rosengewächsen, wie übrigens auch alle Obstbäume (Äpfel, Birnen, Kirschen, Zwetschgen) und Beerensträucher (Him- und Brombeeren).

Zwiebeln und Erbsen gehören unterschiedlichen Pflanzenfamilien an und sind beides Schwachzehrer.

Kohl ist ein Starkzehrer und verträgt eine ordentliche Kompostgabe als Dünger.

DIE BASICS

Multikulti: Mischkultur im Gemüsebeet

Vorbeugen ist besser als im Nachhinein Probleme lösen: Je mehr unterschiedliche Gemüse und Kräuter zusammen im Beet wachsen, umso schwerer haben es Krankheiten und Schädlinge.

Noch so eine Strategie für mehr Ernte und gesunde Pflanzen – Vielfalt im Beet ist die Devise der Mischkultur. Dabei wird der Nährstoffbedarf (→ Seite 24) der unterschiedlichen Gemüse berücksichtigt. Da gibt es die hungrigen Fresser (die Starkzehrer), die Ottonormalverbraucher (Mittelzehrer) und genügsame Sparfüchse (Schwachzehrer).

> Eine wichtige Faustregel bei der Mischkultur lautet: Gemüse und Kräuter, die aus derselben Pflanzenfamilie stammen, sollten im Beet besser auf Abstand bleiben.

Außerdem wird bei der Mischkultur auch darauf geachtet, wer in welcher Bodenschicht wurzelt. Flachwurzler wie Zwiebeln wachsen problemlos neben Mangold, und das, ohne sich bei Wasser und Nährstoffen Konkurrenz zu machen. Ein weiterer Vorteil: Ist der Boden in den Beeten bedeckt (und zwar mit Gemüsepflanzen), dann gibt es weniger Lücken, in denen sich Unkraut ausbreiten kann. Apropos ausbreiten: In gemischten Beeten können sich Krankheitserreger und Schädlinge nicht so schnell vermehren wie in Monokulturen.

Noch ausgeklügelter wird die Mischkultur, wenn man Folgendes in die Planung miteinbezieht: Viele Pflanzen geben Substanzen in den Boden oder die Luft ab, durch die sie sich gegenseitig im Wachstum fördern – oder auch hemmen. So mischen sich bei der Kombination von Zwiebeln mit Möhren die Ausdünstungen der beiden so sehr, dass ihre Hauptschädlinge, die Möhren- und die Zwiebelfliege, verwirrt werden und demzufolge keine Eier an den Pflanzen ablegen.

* Gute Nachbarn sind: Möhren und Zwiebeln; Kohl und Sellerie; Kohl und Ringelblumen; Petersilie und Tagetes.
* Ungünstige Nachbarn sind: Bohnen und Erbsen; Gurken und Tomaten; Kohl und Zwiebeln; Salat und Petersilie; Salat und Sellerie; Lauch (Porree) und Rote Bete.

In gemischten Beeten können sich Schädlinge und Krankheiten nicht so schnell ausbreiten wie in einer Monokultur.

Clever gemacht

MISCHKULTUR IM SCHNELL-VERFAHREN:

Mischkultur im Handumdrehen – das passiert, wenn man seine Beete nach dem Prinzip des Square Foot Gardening, dem Gärtnern im Quadrat, anlegt.

* Teilen Sie dazu das Beet mit dünnen Leisten oder gespannten Schnüren in Rasterfelder ein. Jedes Feld sollte nicht größer als 30 × 30 oder 40 × 40 cm sein.
* In jedes Rasterfeld können Sie nun je ein anderes Gemüse pflanzen oder säen. So entsteht ein bunt gemischtes Beet.
* Außerdem ist man durch die Rastereinteilung nicht verleitet, zu viele Pflanzen zu setzen. Ernteschwemmen lassen sich mit diesem Trick ganz einfach verhindern.

Fruchtfolge & Mischkultur

Besonders raffiniert ist schließlich die Kombination aus Fruchtfolge und Mischkultur. Doch keine Sorge – Sie müssen dazu keine komplizierten Beetbelegungs-Matrix-Rechnungen aufstellen, sondern können auf Bewährtes zurückgreifen, indem Sie z. B. die 3 folgenden Beete anlegen. Jedes Jahr werden Gemüse und Kräuter um ein Beet versetzt angebaut, bis man nach 4 Jahren wieder »auf Los« angekommen ist.

* **Beet 1 mit Wurzelgemüse:** Ab März Schnittsalat und Frühlingszwiebeln, ab April Dill, Möhren und Zwiebeln, ab Mai Sellerie und Rote Bete. Tagetes lockt Insekten an und hält Nematoden fern.
* **Beet 2 mit Fruchtgemüse:** Ab April Kopf- und Pflücksalat, Radieschen und Petersilie, dazu Bohnenkraut und Majoran. Ab Mai Zucchini, Bohnen und Gurken sowie Tomaten und Paprika.
* **Beet 3 mit Blattgemüse:** Ab März/April Erbsen, Spinat und Petersilie, ab Mai Brokkoli, Fenchel, Mangold, Sommerspinat und Sellerie. Ringelblumen und Kapuzinerkresse am Rand dienen als farbenfrohe Blattlausfänger.

Wer mag, kann noch ein viertes Beet mit Erdbeeren anlegen, die jedoch 2–3 Jahre wachsen. Als passende Begleiter eignen sich Basilikum und Schnittlauch sowie andere mehrjährige Kräuter.

DIE BASICS

Ausgetrickst: Gegen Wind und Wetter

Mit Folie, Vlies oder einer Glasabdeckung können Sie früher in die Anbausaison starten und diese bis weit in den Herbst hinauszögern. Damit verlängert sich die Erntezeit um ein paar Wochen.

Info

Augen auf beim Folienkauf. Nicht alle durchsichtigen Folien lassen UV-Strahlen durch, daher nur speziell für Pflanzen geeignete Folien verwenden.

Unter einer schützenden Folie, einem Vlies oder einer Abdeckung mit Stegdoppelplatten bzw. Glas wachsen Pflanzen besser und schneller als im freien Beet. Das liegt daran, dass sich unter der durchsichtigen Überdachung die Sonnenwärme speichert, die Luft erwärmt und auch die Feuchtigkeit länger hält. Die Wärme sorgt dafür, dass die Bakterien und Pilze im Boden aktiver sind und mehr Nährstoffe freisetzen. Die Formel ist einfach: Mehr Nährstoffe, mehr Wärme und mehr Feuchtigkeit bedeuten mehr Wachstum. So kann die Gartensaison in der Tat schon ab Mitte Februar mit der Aussaat von Salat, Feldsalat, Postelein und Gartenkresse beginnen, und damit 4–6 Wochen früher, als die ersten Aussaaten im Freiland normalerweise möglich sind! Im späten Herbst verlängert sich der Anbauzeitraum dann noch einmal um einige Wochen bis in den November oder gar Dezember hinein. Das Vlies wird einfach locker über die Aussaaten oder Jungpflanzen gelegt und an den Beeträndern mit Drahtkrampen oder Steinen beschwert, damit es nicht davonfliegt. Es darf nicht zu straff gespannt sein, denn die Pflanzen brauchen ja auch noch ein bisschen Platz zum Wachsen. Wenn Folie verwendet wird, so muss diese Löcher haben, damit es darunter nicht zu feucht wird. Im Sommer bleiben nur wärmeliebende Gemüse wie Gurken und Auberginen unter einer schützenden Hülle. Das hat gleich zwei Vorteile: Die Pflanzen profitieren von der gleichmäßigeren Feuchtigkeit, und Sie müssen weniger gießen! Vergessen Sie aber nicht, bei Sonnenschein zu lüften, also die Folie anzuheben oder an den Seiten zu öffnen. Andernfalls wird die Luft unter der Abdeckung schnell zu warm und zu stickig. Das fördert den Befall mit Schädlingen wie auch verschiedene Pilzkrankheiten.

Vlies schützt vor austrocknenden und kalten Winden und verlängert die Anbausaison um bis zu 8 Wochen.

Ausgetrickst: Gegen Wind und Wetter

Ein dünnes Vlies schützt nicht nur vor Kälte, es verhindert auch den Befall mit Gemüsefliegen.

Vlies- und Folientunnel

Eine weitere Variante des geschützten Anbaus ist die Kultur unter einem Vlies- oder Folientunnel. Stecken Sie dazu Rundbögen aus Metall oder kunststoffummantelte Aluminium-Wasserrohre im Abstand von etwa 40–50 cm ins Beet, und bespannen Sie diese mit Vlies oder Kunststoff. Für den Anbau von Gurken sollte der Tunnel etwas höher sein, damit die rankenden Pflanzen genug Platz haben. Das Vlies hat zudem eine leicht schattierende Wirkung.

Gemüsenetze

Auch Gemüsenetze bremsen den Wind und sorgen für ein etwas ausgeglicheneres Mikroklima um die Pflanzen. Ihre Hauptaufgabe ist jedoch, Möhren-, Kohl- und Zwiebelfliegen daran zu hindern, ihre Eier am Gemüse abzulegen. Die Netze müssen also so feinmaschig sein, dass die Fliegen nicht hindurchkönnen. Gegen welche Lästlinge das Netz wirkt, ist auf dem Etikett vermerkt.

Tomatenhaus

Was dem Salatgärtner Schnecken sind, ist dem Tomatenanbauer die gefürchtete Kraut- und Braunfäule. Diese wird von einem Pilz verursacht, der über die Wurzeln und Blätter in die Pflanze eindringt und die Leitungsbahnen verstopft. Befallene Pflanzenteile werden braun und sterben ab; die Früchte von infizierten Pflanzen schmecken bitter. Gegen die Krankheit helfen nur der Anbau von resistenten Sorten wie 'Phantasie', 'De Berao', 'Philovita', 'Golden Currant' oder 'Rote Murmel' und vor allem ein Schutz gegen Regen, durch den die Pilzsporen verbreitet werden. Eine Überdachung mit durchsichtiger Folie kann ganz einfach an einem Lattengerüst befestigt werden.

Raubritter Siebenpunkt & Co.

Blattläuse, Schnecken, Raupen, Erdflöhe oder Wühlmäuse – die Liste der unerwünschten »Mitesser« im Gemüsegarten ist groß. An Beistand im Kampf gegen die Schädlinge fehlt es zum Glück auch nicht!

Vorbeugen ist besser als die chemische Keule – wobei die im Selbstversorgergarten ja ohnehin tabu ist. Warum nicht lieber den vielen nützlichen Tieren Unterschlupf bieten, die Sie im Kampf gegen unerwünschte Gartenbewohner unterstützen?

Allerlei Krabbelgetier

Marienkäfer und ihre Nachkommen sowie die Larven von Flor- und Schwebfliegen haben eine ganz besondere Vorliebe: Blattläuse. Obendrein bereichern sie ihren Speiseplan mit Wollläusen, Spinnmilben und Thripsen, allesamt ungeliebte Gäste, die sich an Gemüse, Obst und Kräutern vergreifen. Sogar Raubwanzen halten die gefräßigen Krabbler in Schach. Die erwachsenen Insekten finden Unterschlupf in mit Holzwolle gefüllten Blumentöpfen, Totholzhaufen und Insektenhotels, Nahrung bieten abwechslungsreich bepflanzte Beete rund um den Gemüsegarten. Stauden und Sommerblumen mit einfachen, also ungefüllten Blüten sind ideal, da sie reichlich und leicht zugänglichen Pollen und Nektar bieten. Besonders geeignete Arten und Sorten können Sie an dem Prädikat »bienenfreundlich«, »Bienenfutterpflanze« o. Ä. auf dem Etikett erkennen. Tipp zur Doppelnutzung: Das Afrikanische Strauchbasilikum ist zwar nicht winterhart, lockt aber von Mai bis November eine Unmenge an Bienen, Hummeln und anderen Insekten an. Und natürlich liefert es leckere Blätter für Pesto & Co.

Gefiedert und befellt

Meisen, Spatzen, Grasmücken und viele andere – sie alle lieben proteinreiche Insekten. Dazu zählen kleine Blattläuse, Fliegen,

Eine einzige Marienkäferlarve frisst bis zu 150 Blattläuse pro Tag!

Mücken sowie dicke (und dünne) Raupen. Eine Kohlmeisenfamilie beispielsweise verspeist gut und gerne 150 kg (!) Insekten in einem Jahr. Ein Grund mehr, sie mit geeigneten Nistkästen und einer ganzjährigen Zufütterung in den Garten zu locken. Dichte, frei wachsende Hecken aus Wildsträuchern wie Holunder, Schlehe, Feld-Ahorn und Feuerdorn bieten zusätzliche Deckung und ein Teich Gelegenheit zum Trinken und Baden. Doch nicht nur die gefiederten Nützlinge haben ihren Platz im Garten verdient. Igel und Spitzmäuse gehören zur Familie der Insektenfresser und machen ihrem Namen buchstäblich alle Ehre. Damit sie sich in Ihrem Garten wohlfühlen, sollten lockere Laubstreifen, ein paar unordentliche Ecken und verschiedene Unterschlupfmöglichkeiten wie ein Haufen aus Ästen, ein Kompost oder eine Trockenmauer vorhanden sein.

Opferpflanzen

Pflanzen als Nützlinge? Aber ja! Ich setze an den Rand meiner Gemüsebeete immer ein paar übrig gebliebene Salate als »Opferpflanzen«. Hier können sich die Nacktschnecken gründlich satt fressen und kommen dann nur selten auf die Idee, auf der Suche nach weiteren Leckerbissen noch tiefer in die Beete vorzudringen.

Schneck vs. Schneck

Nicht alle Schnecken rücken nur zarten Pflänzchen zu Leibe. Der Tigerschnegel, eine ziemlich große, gestreifte und gefleckte Nacktschnecke, ernährt sich ausschließlich von anderen Schnecken und deren Eiern.

Doppelt geschützt – Der Schneckenzaun hält unerwünschte Mitesser fern, die Hecke neben dem Beet lockt Nützlinge an.

Wohnraum schaffen: Die Vögel revanchieren sich, indem sie viele Schädlinge verspeisen.

 DIE BASICS

Im Einklang mit der Natur

Was mache ich wann im Garten? Statt sich nach dem gregorianischen Kalender mit seinen 12 Monaten zu richten, ist es beim Gärtnern viel besser, sich an den Vorgaben der Natur zu orientieren.

Im sogenannten phänologischen Kalender (altgriechisch phaino: ich erscheine), werden die periodisch wiederkehrenden Entwicklungserscheinungen in der Natur festgehalten. Dementsprechend lassen sich die 12 Monate eines Jahres in 10 unterschiedliche Jahreszeiten einteilen, statt wie beim gregorianischen Kalender nur zwischen Frühling, Sommer, Herbst und Winter zu unterscheiden. Diese feine Unterteilung erlaubt eine viel bessere Planung der Gartenarbeiten, zumal die Jahreszeiten nicht mit starren Datumsangaben beginnen und enden, sondern sich an den Blüte- und Reifezeiten bestimmter Pflanzen orientieren. Je nach Ort und Region können diese nämlich deutlich variieren, manchmal sogar innerhalb eines Tales an den gegenüberliegenden Hängen. Am besten lässt sich das am Beginn der Apfelblüte als dem Zeichen für den Vollfrühling belegen. Während am Oberrhein oder Bodensee die Bäume schon in voller Blüte stehen, schwellen in den kalten Mittelgebirgen wie dem Harz oder der Eifel gerade einmal die ersten Knospen. Zudem können die phänologischen Jahreszeiten je nach Witterungsverlauf mal früher, mal später beginnen. Während in manchen Jahren der November noch mild und sonnig ist, fällt in anderen schon der erste Schnee.

Krokusse und Winterlinge zeigen den Beginn des Vorfrühlings an.

Zeigerpflanzen

Häufige und auffällige Wildpflanzen wie auch ein paar Garten- und Kulturpflanzen dienen als Indikatoren für die Bestimmung der phänologischen Jahreszeiten. Dabei sind die Blüten, der Blattaustrieb, die Reife von Früchten sowie die Laubfärbung im Herbst oder der Laubfall vor dem Winter wichtige Orientierungsmerkmale, die den jeweiligen Beginn einer Jahreszeit markieren.

Im Einklang mit der Natur

Mit dem Reifwerden der Johannisbeeren ist der Sommer angekommen.

Apfelblüten sind die Zeigerpflanzen, dass der Vollfrühling in vollem Gange ist.

Die Natur gibt den Takt vor

Im Frühling geben die vorwitzigen Knospen von Krokussen, gelben Winterlingen und kleinen Schneeglöckchen das Signal, dass man nach der langen Winterzeit endlich mit der Vorkultur auf der Fensterbank beginnen kann. Ein paar Wochen später, wenn die ersten Forsythien blühen, ist der richtige Zeitpunkt gekommen, um die kleinen Zöglinge von Salat und Brokkoli ins Freie zu pflanzen. Auch Steckzwiebeln finden nun ihren Platz im Beet. Noch etwas gedulden müssen sich dagegen Tomaten und Paprika, die erst dann nach draußen kommen, wenn der Flieder und die Apfelbäume blühen. Meist ist das Mitte Mai zu den Eisheiligen der Fall.

Vorfrühling

Ab etwa Februar/März beginnt die Blütezeit von Haselnuss, Schneeglöckchen und Krokussen im Garten, in der Natur öffnen Schwarz-Erle, Sal-Weide und in höheren Lagen der Bergahorn ihre Blüten. Jetzt endlich können die Beete vorbereitet werden, da die Erde langsam abtrocknet und winterliche Nässe und Kälte ein Ende haben.

Erstfrühling

Sobald die Forsythien blühen, bekommen die Rosen ihren Fassonschnitt. Nun können Sie auch die ersten Salate im Freien aussäen. Im Obstgarten entfalten sich die

Info

Am Beginn der Apfelblüte lässt sich die Klimaveränderung in Mitteleuropa erkennen. Der Beginn des Frühlings hat sich seit den 1960er-Jahren um mehrere Wochen nach vorne verschoben.

33

DIE BASICS

> Von den ersten warmen Frühlingstagen, die oft schon im März auftreten, sollte man sich nicht verleiten lassen. Noch sind die kalten Nächte und die Spätfrostgefahr nicht vorbei.

dicken Blattknospen von Stachel- und Johannisbeeren, außerdem beginnen Birnen, Pflaumen und Kirschen zu blühen. Draußen entlang der Felder zeigt sich der erste zarte Grünschleier an den Schlehenhecken, auch Birken und Rosskastanien treiben aus. Ein paar Tage später folgen dann weitere Laubbäume wie Linden, Rotbuchen und Ahorne. Der Erstfrühling fällt meist in den April.

Vollfrühling

Wenn die Tage länger werden und die Sonneneinstrahlung intensiver, öffnen auch Apfelbäume und Flieder ihre Blüten. Meist ist das Anfang bis Mitte Mai der Fall. Nun, da keine Spät- oder Nachtfrostgefahr mehr droht, können auch wärmeliebende Gemüse wie Tomaten, Paprika, Gurken und Zucchini in den nicht mehr winterkalten Boden. Ein untrügliches Zeichen, dass der Sommer vor der Tür steht, ist die Rückkehr der letzten Schwalben aus dem Winterquartier.

Frühsommer

Anfang bis Mitte Juni machen die Gräser auf den Wiesen vielen Allergikern das Leben schwer – der Frühsommer ist da! Im Garten blühen die frühen Rosen, dazu viele Stauden wie z. B. Päonien. In der Natur zeigen Weißdorn und Schwarzer Holunder erste Blüten.

Hochsommer

Hochsommer ist Kartoffelzeit – zumindest gilt die weiße oder lila Blüte der südamerikanischen Knolle als Indiz, dass die Gartensaison ihren Höhepunkt erreicht hat. Während sich die Kirschenzeit langsam dem Ende zuneigt, ist die Beerensaison in vollem Gange. Falls Erd-, Johannis- und Stachelbeeren mehr als reichlich Frucht tragen, wird der Überschuss eingefroren oder eingemacht.

Spätsommer

Ab Mitte/Ende August färben sich die Früchte der Eberesche (Vogelbeere) orange. Obwohl sich der Sommer damit unwiederbringlich dem Ende zuneigt, bleibt keine Zeit für trübsinnige Gedanken. Schließlich öffnet der Obstgarten sein Füllhorn, das große Ernten beginnt: Frühäpfel und -zwetschgen sind zu pflücken. Im Gemüsegarten werden

Wirsing (links) und Rotkohl (rechts) werden im Frühherbst erntereif.

Im Einklang mit der Natur

Die Erntesaison für Kernobst wie Äpfel und Steinobst wie diese Zwetschgen beginnt im Spätsommer.

die ersten Auberginen reif, bei Tomaten, Zucchini, Gurken und Paprika kommt man gar nicht mit dem Ernten und Essen hinterher.

Frühherbst
Haselnüsse, Kürbis, Zwetschgen und Birnen sind pflückreif, wenn sich die Beeren des Holunders schwarz färben. Ab September stehen auch Palm- und Grünkohl, Sprossenbrokkoli und Kopfkohle zur Ernte bereit.

Vollherbst
Das Laub des Wilden Weins leuchtet feurig rot im Garten – kein Zweifel, der Vollherbst ist angebrochen! Höchste Zeit, späte Äpfel und Birnen sowie die letzten Kartoffeln einzubringen, genauso Quitten und Walnüsse. Auf den abgeernteten Gemüsebeeten hilft eine Einsaat mit Gründüngungspflanzen, Nährstoffverlusten vorzubeugen. Nicht vergessen: Spinat, Feldsalat und Postelein als Vitaminnachschub für den Winter säen!

Spätherbst
Mit zunehmend frostigen Temperaturen lassen auch immer mehr Bäume ihr Laub fallen: perfekt zum Mulchen und Kompostieren. Im Gemüsegarten startet die Saison der Wintergemüse, denen Frost und Kälte nichts anhaben können: Pastinaken, Lauch und Grünkohl bleiben unter einer Vliesabdeckung den ganzen Winter über im Beet.

Winter
Die Vegetationsruhe beginnt meist Ende November/Anfang Dezember und dauert bis Mitte/Ende Februar. Ab Februar, im phänologischen Spätwinter, ist dann der richtige Zeitpunkt für den Obstbaumschnitt und zur Vorbereitung der Beete für die neue Saison.

DIE BASICS

Urban Gardening

Urban Gardening wird immer beliebter. Dabei geht es aber um viel mehr als Samenbomben basteln und Baumscheiben begrünen. Urban Gardening heißt auch: eigenes Obst, Gemüse und Kräuter anbauen.

Burkhard Bohne ist Technischer Leiter des Arzneipflanzengartens an der Technischen Universität Braunschweig und von Kräutern fasziniert. Er plant Kräutergärten, organisiert Führungen durch Klostergärten, schreibt Gartenbücher sowie Artikel für Zeitungen und Magazine und hat 2011 die Kräuterschule Braunschweig gegründet. Außerdem bietet er in Berlin und Braunschweig Workshops in verschiedenen Urban-Gardening-Projekten an, in denen er sein Wissen weitergibt.

> Auch in der Stadt kann man auf kleinstem Raum Kräuter und Gemüse anbauen. Egal, ob auf Balkon, Dachterrasse, auf der Fensterbank, im Hinterhof oder auf brachliegenden Flächen - überall lässt sich ein Platz für den Anbau von Kräutern und Gemüsen finden.

Was fasziniert dich am Urban Gardening?

Burkhard Bohne: Urban Gardening ist für mich weit mehr als ein neuer Gartenhype. Urban Gardening ist eher der Ausdruck davon, dass sich viele Menschen, auch und gerade in den Städten, auf elementare Werte wie die gesunde Ernährung oder eine intakte Umwelt zurückbesinnen und etwas dafür tun. Hinzu kommt der großartige Gedanke, dass gemeinsame Aktivitäten das soziale Miteinander fördern. Ich bin jedes Mal glücklich, wenn ich in die entspannt-fröhlichen Gesichter der Aktivisten im Gemeinschaftsgarten schaue und die große Zufriedenheit aller spüre, sobald am Ende des Aktionstages die Ernte geteilt oder auch gemeinsam gekocht und gegessen wird.

Gibt es Kräuter, die du für Selbstversorger-Einsteiger empfiehlst?

Burkhard Bohne: Ja, die gibt es reichlich. Wenn ich ein sonniges Fleckchen im Garten habe, bieten sich mediterrane Kräuter wie Rosmarin, Thymian, Salbei, Fenchel, Oregano oder Zitronenmelisse an. Sie sind leicht zu halten, sofern sie nicht zu viel gegossen werden und der Boden stimmt. Für eher halbschattige Bereiche empfehle ich Minzen, die es in zig verschiedenen Sorten gibt. Sie sind unverwüstlich, wenn sie regelmäßig frische Erde und genügend Wasser bekommen.

Urban Gardening

Platz ist in der kleinsten Kiste, und wenn es »nur« für ein paar Salate und Kohlrabis ist. Das ist das Tolle beim Gemüse: Es wächst fast überall.

»Hoch das Beet!« heißt die Devise in den Berliner Prinzessinnengärten. Dort wird jede Menge Gemüse und Kräuter in Kisten und Hochbeeten angebaut.

Du bist oft in den Prinzessinnengärten in Berlin. Dort werden alle Gemüse und Kräuter in Hochbeeten und Kisten angebaut. Gibt es dafür einen besonderen Grund?

Burkhard Bohne: Es gibt mindestens zwei Gründe, und beide sind ganz einfach. Das Grundstück, auf dem sich der Garten befindet, ist ein altes Trümmergrundstück im Herzen Berlins. Niemand weiß, was sich so alles im Boden befindet, und außerdem gibt es im Kriegsschutt kaum brauchbare Erde. Der zweite Grund hängt mit dem Nutzungsvertrag des Geländes zusammen. Der Garten muss im Falle eines Grundstücksverkaufs schnell und vollständig geräumt werden können. Ein Problem sind diese Bedingungen nicht, da ja Kräuter und Gemüse in Hochbeeten sehr einfach angebaut werden können und dabei satte Ernten möglich sind. Außerdem bleibt die Nutzung des Areals auf diese Weise extrem flexibel.

Welche Fragen stellen dir deine Kursteilnehmer in der Kräuterschule am häufigsten?

Burkhard Bohne: Die meisten Fragen drehen sich um zwei Dinge: Wo kann ich Kräuter anbauen, und wie kann ich sie sinnvoll verwenden. Dabei sind Grundlagen wie die Standortwahl und Bodenkunde genauso wichtig wie die Anzucht und Ernte der einzelnen Kräuter. Die Konservierung ist immer ein großes Thema und natürlich die Verwendung in der Heilkunde oder in der Küche. Besonders freue ich mich über das große Interesse an bei uns traditionell verwendeten Kräutern.

In Berliner Urban-Garden-Projekten gibt es Hunderte selbst gebauter Hochbeete und Kästen, in denen es grünt und blüht. Was an Paletten nicht zum Gärtnern diente, wird kurzerhand in Sitzmöbel, Tische und Bänke verwandelt.

FRÜHLING

ENDLICH RAUS, ENDLICH GEHT ES LOS. DAS **ERSTE BEET** IST ANGELEGT, DIE SAMEN WARTEN FÖRMLICH DARAUF, IN DEN BODEN ZU KOMMEN – ODER IN **KLEINE TÖPFCHEN** AUF DER FENSTERBANK GESÄT ZU WERDEN, UM EIN PAAR WOCHEN SPÄTER IHREN PLATZ IM BEET EINZUNEHMEN. DA DAUERT ES NICHT LANGE, BIS DIE **ERSTEN GEMÜSE** ERNTEREIF SIND.

FRÜHLING

Einsteigerbeete für Selbstversorger

Für einen Selbstversorgergarten inklusive Beerensträuchern ist eine Größe von rund 50 Quadratmetern ideal, wenn man sich zu zweit mit Gemüse, Kräutern und Beeren verwöhnen möchte.

Ein Gemüsebeet passt in fast jeden Garten, wenn es nur genug Sonne bekommt. Bei der Planung und Anlage ist es sinnvoll, immer »kurze Wege« vor dem Auge zu haben. Dann müssen Hacke und Rechen, Gießkanne und Schlauch nicht so weit getragen werden. Auch der Kompostplatz sollte sich in der Nähe der Beete befinden.

Erbsen wachsen an Rankgerüsten in die Höhe. Vertical Gardening im Gemüsebeet!

Bodenvorbereitung

Wenn der Standort festgelegt ist, geht es an die Bodenvorbereitung. Rasen und andere Pflanzen gilt es zu entfernen. Damit der Anbau von Gemüse den Boden nicht auslaugt, kann dieser verbessert werden.

* **Leichte Böden** enthalten viel Sand und erwärmen sich bei Sonneneinstrahlung rasch, dafür versickert das Regen- oder Gießwasser ziemlich flott. Abhilfe schaffen Kompost (dieser speichert Wasser und Nährstoffe und erhöht den Humusgehalt) und Gesteinsmehl wie Bentonit. Die feinen Partikel verbinden die groben Sandteilchen im Boden und erhöhen zudem seine Fähigkeit, Wasser und Nährstoffe zu speichern. Sandböden sind leicht zu bearbeiten, müssen aber häufiger bewässert und gedüngt werden.
* **Ton- und Lehmböden** lassen sich wie Knetmasse verformen und sind schwer zu »beackern«. Im Winter und Frühjahr sind sie nass und bleiben wie unter den Schuhsohlen kleben. Sie können mit Sand und reichlich Kompost verbessert werden, dann wachsen auch Jungpflanzen leichter an, deren zarte Wurzeln nicht so leicht in den harten Boden vordringen. Damit die Oberfläche im Sommer bei Regen nicht verschlämmt und steinhart wird, müssen Lehm- und Tonböden regelmäßig gehackt

Einsteigerbeete für Selbstversorger

Bretter zwischen den Reihen erleichtern die Pflege und Ernte im Beet.

Es muss nicht immer gerade sein: In diesem Beet wächst das Gemüse mit Schwung.

> Gemüsebeete sollten nicht zu lang sein. Alle 2–3 m ist ein kleiner Querweg aus Platten oder einem Brett sinnvoll, damit man beim Gießen, Hacken und Ernten keine Umwege zurücklegen muss.

werden. Wer sich das sparen möchte, deckt die Beetoberfläche einfach mit einer Schicht Kompost ab. Auch Rasenschnitt oder Stroh eignen sich als Mulch, der die Austrocknung des Bodens verhindert.

Wege und Einfassungen

Ein einfaches Brett reicht, um zwischen den Beeten trockenen Fußes zu den Pflanzen zu gelangen. Außerdem eignet es sich hervorragend als Schneckenfalle. Einfach morgens umdrehen und alle Schnecken, die sich auf der Unterseite versteckt haben, absammeln. Wege, die häufiger belaufen oder die regelmäßig mit der Schubkarre befahren werden, sollten eine feste Oberfläche aus Platten bekommen oder eine dicke Schicht aus Rindenmulch oder Holzhäckseln. So bleiben Schuhe und Reifen auch bei Nässe sauber. Beeteinfassungen können aus verschiedensten Materialien gebaut werden: aus Holzbrettern, Rundhölzern oder Stangen, aber auch aus Weidengeflecht, Steinplatten, hochkant gestellten Ziegeln oder Metallstreifen. Besonders praktisch ist eine Einfassung aus einem Schneckenzaun aus Blech mit eingeschlagener Kante. Schneckenzäune aus Drahtgeflecht oder Kunststoff haben sich dagegen weniger bewährt.

 FRÜHLING

Schritt für Schritt: Beete anlegen

Beete anlegen, das geht (fast) im Handumdrehen. Beginnen Sie erst einmal mit einer kleineren Fläche, dann sieht man das Ergebnis deutlich schneller, und die Arbeit ist nicht so anstrengend.

DAS BRAUCHEN SIE FÜR IHR ERSTES SELBSTVERSORGERBEET

Schnur und Pflock — Zollstock — Hacke — Grabegabel — Kompost — Rechen

① Zuerst markiert man die Umrisse des Beetes. Damit die Kanten gerade werden, spannt man eine Schnur um 4 Pflöcke. Zum Abmessen reicht ein Zollstock, oder man schreitet die Beetform ab.

Ein neues Beet wird am besten im Frühling angelegt, denn dann kann – ungefähr 10 Tage nach der Anlage – gleich gesät und gepflanzt werden. Die kurze Wartezeit ist wichtig, damit sich Lücken und Hohlräume im Boden schließen. Der Profi sagt, dass sich »die Erde setzen muss«. Wartet man jedoch zu lange, dann gedeihen schon die ersten Unkräuter, die bei der Aussaat oder beim Pflanzen stören. Wer auf Nummer sicher gehen möchte, deckt das Beet nach der Vorbereitung mit einer Mulchfolie oder einem Unkrautschutzvlies ab, bis gesät oder gepflanzt werden kann. Die Breite des Beetes sollte etwa 1,2 m betragen. Egal, ob das Beet später einen Rahmen oder eine Einfassung bekommt – zuerst müssen einmal die Grasnarbe und der vorhandene Bewuchs entfernt werden. Zur Bodenverbesserung kommt auf die Erde im Beet noch eine Portion Kompost, Algenkalk und Gesteinsmehl.

Nun wird innerhalb der Markierung der vorhandene Bewuchs entfernt, schließlich sollen hier andere Pflanzen wachsen. Am besten geht das mit einer Ziehhacke. Ganz schön schweißtreibend!

Ist die Fläche »braun« oder »schwarz«, lockert man den Boden mit der Grabegabel auf. Diese einfach 10-15 cm einstechen und hin und her bewegen. Bei leichten Sandböden geht das auch mit dem Spaten, aber das ist schon anstrengender.

Grobe Erdbrocken lassen sich mit dem Grubber oder einer Hacke zerkleinern. Größere Wurzeln und Steine klaubt man dabei aus dem Boden, feine Wurzelstücke können im Beet bleiben, sie verrotten.

Zum Schluss wird feiner, reifer Kompost auf dem Beet verteilt. Als Richtwert gelten 5 l/m^2. Den Kompost nun noch mit einem Rechen oder einer Harke einarbeiten, bis ein feinkrümeliges Saatbett entstanden ist.

FRÜHLING

Hoch- und Hügelbeete

Rückenschonendes Gärtnern ohne oder mit wenig Bücken – das ist auch etwas für Selbstversorger. Zudem erlauben Hoch- und Hügelbeete den Anbau von Gemüsepflanzen mit besonderen Ansprüchen.

> Hügelbeete sind ideal, wenn der Boden schwerer ist, also viel Lehm oder Ton enthält. Durch die schrägen Seiten erwärmt sich die Erde schneller, weil die Sonnenstrahlen direkter einfallen und überschüssiges Regenwasser ablaufen kann.

Hügelbeete

Hügelbeete sind zwar am Anfang etwas aufwendiger, man kann hier aber auch mehr anbauen. Zuerst hebt man einen flachen, etwa 80–120 cm breiten Graben aus bzw. entfernt die oberste Rasenschicht. Es reicht, wenn ca. 15–20 cm Erde abgetragen und erst einmal auf der Seite abgelegt werden.

* Die erste Schicht bildet eine ungefähr 20 cm dicke Lage aus gehäckselten Ästen und Zweigen. Sie dient als Dränage und unterste Schicht der Kompostheizung.

* Die nächste Etage besteht aus mehr oder weniger stark verrottetem Kompost (der darf durchaus auch noch gröbere Teile enthalten) und ist etwa 20–30 cm dick. Bei der weiteren Verrottung entsteht Wärme, wodurch die Pflanzen auf dem Hügelbeet besser wachsen.

* Als Deckschicht wird ein Gemisch aus Kompost und der zuvor ausgehobenen Erde zu einem Hügel geformt. Wurzelreste und Steine sammelt man dabei heraus. Zuunterst kommen die Rasensoden, die der Kompostschicht mit der grünen Seite nach unten aufgelegt werden.

Der Kompost dient als Nährstoffvorrat und speichert außerdem viel Wasser. Daher sind Hügelbeete besonders gut für Starkzehrer wie Kohl und Zucchini geeignet, also für Pflanzen, die viel Dünger brauchen. Ein weiterer Vorteil: Die Anbaufläche ist durch die schrägen Seiten größer als die Grundfläche des Hügels, sodass Sie noch mehr Gemüsepflanzen unterbringen können!
Bepflanzt wird das Hügelbeet wie ein normales Beet. »Große« Pflanzen wie Tomaten, Zucchini oder Stangenbohnen sollten oben auf dem Hügel ihren Platz finden. Salate und Kräuter kommen an die Basis, immer versetzt und in Reihen parallel zum Hang, damit bei Regen oder beim Gießen keine Erde weggespült wird.

Hügelbeete bieten bei selber Grundfläche noch mehr Platz für Gemüse und Kräuter.

Clever gemacht

HOCHBEET AUS PALETTEN:

Hochbeete lassen sich ganz einfach aus Brettern, Planken oder Paletten bauen. Besonders schnell geht es mit sogenannten Aufsatzrahmen für Transportkisten.

* Als Basis des Hochbeetes dient eine Europalette. Sie hat eine genormte Grundfläche von 120 × 80 cm.
* Auf die Palette werden Transportkisten-Aufsatzrahmen gestellt. Sie sind an den Ecken mit Scharnieren ausgerüstet, die beim Stapeln ineinandergreifen und einrasten.
* Jeder Rahmen ist 20 cm hoch, so kann die Höhe des Hochbeetes leicht angepasst werden. Ideal sind 60–80 cm.
* Zum Schutz des Holzes wird das Beet innen mit Folie verkleidet.

Hochbeete

Gärtnern ohne Bücken, das ist die Grundidee bei der Anlage von Hochbeeten. Ob Aussaat, Pflanzen, Pflegen, Gießen und Ernten – alles lässt sich bequem im Stehen erledigen. Da Hochbeete mit Pflanzsubstrat oder Erde gefüllt werden, kann man auch dort Gemüse und Kräuter anbauen, wo der eigentliche Boden nicht geeignet ist, z. B. in Innenhöfen oder auf dem Wurzelbereich großer Bäume. Hochbeete werden normalerweise mit einem Kompost-Erd-Gemisch gefüllt. Die unterste Schicht besteht aus 30–40 cm Häckselgut oder Holzhackschnitzeln, darüber kommen 20 cm Kompost und als Deck- und Pflanzschicht ein Gemisch aus Gartenerde und Kompost, das etwa 15–20 cm dick ist. Ersatzweise können Sie auch Spezialerde für Tomaten oder Gemüse und natürlich torffreie Hochbeeterde aus dem Handel verwenden. Gärtnern im Hochbeet hat aber noch einen weiteren Vorteil: Schnecken, Wühlmäuse und Unkraut lassen sich leichter bekämpfen. Gegen Schnecken hilft eine Umrandung mit selbstklebendem Kupferband als Barriere. Hochbeete werden am einfachsten aus Brettern zusammengebaut. Es gibt mittlerweile viele Fertigbausätze, sodass man sich nicht stundenlang mit Planzeichnungen aufhalten muss. Bitte dran denken: Einmal aufgestellt, ist ein Hochbeet unverrückbar. Der Standort muss also mit Bedacht gewählt werden.

 FRÜHLING

So klappt die Aussaat

Als Selbstversorger ist die eigene Anzucht Ehrensache – vom Samenkorn bis zur Ernte soll alles aus einer Hand kommen. Darum dürfen ein paar Pflanzen eigene Samen für die nächste Saison ansetzen.

Info

Damit dicke Samen besser keimen, weicht man sie vor der Aussaat über Nacht in Wasser ein. So bekommen sie einen Wachstumsvorsprung von 2–3 Tagen.

Jede Ernte im Gemüsegarten beginnt mit einem Samenkorn – egal, ob man selbst gesät oder vorgezogene Jungpflanzen in der Gärtnerei gekauft hat. So oder so ist die richtige Aussaat wichtig, damit die Pflanzen gedeihen und den bestmöglichen Ertrag liefern.

Auf der Fensterbank

Eine helle Fensterbank ist ideal, um wärmeliebende Gemüse wie Tomaten, Paprika, Auberginen, Gurken, Zucchini und Kürbis, aber auch Bohnen und Erbsen vorzuziehen. Mit Wachstumsvorsprung werden die Pflänzchen dann ab Mitte/Ende Mai ins Beet gesetzt. Auch Kohl und Salat kann vorgezogen werden, dann darf die Temperatur aber nicht so hoch sein. Ein kühles Fenster im Schlafzimmer oder im Treppenhaus ist hier viel besser. Wenn es wärmer als 20 °C wird, bilden die Pflänzchen lange, dünne Stängel und kippen um. Der Profi sagt: sie vergeilen.

Direktsaat im Beet

Im Garten werden viele Gemüse und Kräuter direkt in die Erde gesät. Das gilt zum einen für solche, die sich schlecht oder gar nicht umpflanzen lassen wie Spinat oder Gartenkresse. Aber auch Schnittsalate, Rucola und Asia-Salate werden immer direkt gesät.

Vorbereitung: Das Saatbett, also die Erde, in die Sie die Samen legen, sollte feinkrümelig sein. Grobe Erdbrocken, alte Wurzeln und Steine werden entfernt, bevor man die Erdoberfläche mit einem Rechen glatt zieht. Wenn Sie Gemüse in Reihen aussäen möchten, dient eine zwischen 2 Pflöcken gespannte Schnur, ein Gerätegriff oder ein Stock als Orientierung. Auch ein normaler Zollstock eignet sich zum Abmessen.

Tomaten werden vorgezogen, sonst reicht die Saison im Garten nicht bis zur Ernte.

Aussaat: Je nach Größe der Samen und der späteren Pflanzen werden die Samenkörner einzeln, in Reihen oder flächig ausgesät (→ Seite 48–49). Bei Buschbohnen und Erbsen legt man kleine Grüppchen von 3–5 Samen in Löcher. Bedecken Sie die Samen ca. 2–3 cm hoch mit Erde. Der Vorteil: Die Pflanzen stützen sich gegenseitig, und sollte das eine oder andere Samenkorn nicht keimen, wächst die Reservepflanze gleich daneben. Viele Kräuter und Gemüse werden in Saatbändern oder -platten angeboten. Zwischen 2 Vlieslagen sind die Körner im richtigen Abstand eingelegt. Einfach praktisch: Das Band wird in eine Rille gedrückt, die man mit dem Finger oder einer Handschaufel zieht, und dann je nach Pflanzenart 1–3 cm hoch mit Erde bedeckt. Das Vlies löst sich im feuchten Substrat von alleine auf und zersetzt sich innerhalb weniger Tage vollständig.

Ausdünnen und Vereinzeln

Viele Gemüse haben kleine Samen, keimen nur unregelmäßig und müssen daher dichter gesät werden, als der spätere Abstand zwischen den Pflanzen sein darf. Dazu gehören Radieschen, Mangold, Rote Bete, Möhren, Pastinaken und Petersilienwurzeln. Wenn die Keimlinge eine Größe von ein paar Zentimetern erreicht haben, zupft man die mickrigen und überzähligen einfach aus der Reihe – vorsichtig, denn die nebenstehenden sollen ja nicht gestört werden. Auch wenn es anfangs etwas Überwindung kostet: Das Vereinzeln ist wichtig, damit man später im Jahr dicke Möhren oder Rote Bete ernten kann. Die Blätter der ausgedünnten Pflänzchen wandern als Babygemüse in den Salat.

Recycling pur: Aussaattöpfe für Erbsen aus altem Zeitungspapier.

Die Saison kann kommen: Ungeduldig warten die Jungpflanzen auf den Frühling.

 FRÜHLING

Schritt für Schritt: Aussäen in Töpfen & im Beet

Ab Februar heißt es: Fensterbänke freiräumen, Töpfe und Schalen aufstellen, und los geht die Gartensaison. Auch wenn es draußen noch kalt ist, drinnen sprießt und grünt es bald.

NIMM FÜNF: ZUTATEN FÜR DIE AUSSAAT

Samen — Töpfe & Schalen — Aussaaterde — Sieb — Ballbrause

Jedem Tierchen sein Pläsierchen, das trifft auch auf die Gartenpflanzen und ihre Wachstumsvorlieben zu. Die nötigen Infos zu jeder Art stehen auf der Samentüte. Wichtig ist die Saattiefe, also wie tief die Samen in die Erde sollen (oder wie hoch sie abgedeckt werden), und die Info, ob es sich um Licht- oder Dunkelkeimer handelt. Lichtkeimer wie Salat und Basilikum keimen nur, wenn sie nicht zu tief in der Erde liegen, andere, wie Zucchini oder Gurken, wollen es lieber dunkel. Zur Anzucht wird immer spezielle Aussaaterde verwendet, denn die ist locker und leicht und enthält nicht so viele Nährstoffe wie normale Blumenerde. Das mögen die zarten Keimlinge nämlich noch nicht. Nach dem Angießen darf die Erde nicht austrocknen, daher regelmäßig kontrollieren. Schön warm und feucht bleibt es unter einer Abdeckung aus Folie oder einer Haube. Durchsichtige Obstverpackungen sind ideal.

① Große Samen wie die von Gurken oder Zucchini können einfach mit den Fingern in die Aussaaterde gesteckt werden, und zwar immer mit der Spitze nach unten!

Kleinere Samen werden direkt aus der Samentüte auf die Erde gestreut. Bei sehr feinen Körnchen geht das leichter, wenn man sie mit etwas Sand vermischt. Der eignet sich auch ideal zum Üben, wenn man das noch nie gemacht hat.

Damit die Samen nicht austrocknen, werden sie durch eine dünne Schicht Erde abgedeckt. Mit einem Küchensieb lässt sich diese gleichmäßig über der Schale verteilen.

Angießen ist das Wichtigste, denn sonst können die Samen nicht keimen. Damit die Erde nicht überschwemmt wird, geschieht das mit einer Ballbrause, die einen feinen, weichen Strahl hat.

Draußen im Beet werden die Samen in Reihen in die Erde gelegt oder gestreut, zugedeckt und angegossen.

FRÜHLING

Für Ungeduldige: Setzlinge

Mit vorgezogenen Jungpflanzen lässt sich die Selbstversorgersaison um etliche Wochen verlängern, schließlich kommen die Pflänzchen mit einem ordentlichen Wachstumsvorsprung ins Beet.

Frische Aussaaten können Selbstversorger ganz schön auf Trab halten. Sie dürfen nicht austrocknen und brauchen wie alle Kleinkinder einfach etwas mehr Aufmerksamkeit und Pflege als Teenager. Wer nur abends oder am Wochenende gärtnern kann, der geht mit vorgezogenen Setzlingen auf Nummer sicher, denn die sind schon aus dem Gröbsten heraus. Weiterer Vorteil: Übers Jahr gesehen kann bei vielen Arten wie Salat, Spinat, Erbsen oder Bohnen ein ganzer Anbausatz (→ Seite 23) mehr angepflanzt werden.

Blattgemüse

Salat, Spinat, Mangold und Kohl können schon ab März/April ins Freie, wenn die Aussaatsaison draußen gerade erst angefangen hat. Gegen kalten Nächte hilft eine Abdeckung mit 1–2 Lagen aus weißem Gärtnervlies (→ Seite 28).

Sonnenanbeter

Wärmeliebende Gemüse wie Tomaten, Gurken, Paprika, Zucchini und Kürbisse müssen sogar vorgezogen werden, sonst reicht die Wachstumszeit im Sommer nicht aus. Sie kommen ab Mitte oder Ende Mai in den Garten, Auberginen und Chinakohl sogar erst Ende Mai/Anfang Juni. Auch Stangen- und Feuerbohnen vertragen keinen Frost und legen umso schneller los, wenn sie auf der Fensterbank vorgezogen wurden und Ende Mai in den Garten kommen.

Herbst- und Wintergemüse

Spät reifende Kohl-Arten wie Herbst-Brokkoli, Rosenkohl, Palm- und Grünkohl, Romanesco und Blumenkohl sowie Sprossenbrokkoli werden erst im Juni/Juli gepflanzt. Sie brauchen kühlere Temperaturen und wachsen erst in den Herbst hinein gut, zu früh gesetzt bilden sie Blüten und keine Köpfe.

Vorgezogene Kohljungpflanzen sind keine so leichte Schneckenbeute.

Clever gemacht

RICHTIG PFLANZEN:

1. Salat muss flattern
Salate dürfen nicht zu tief gepflanzt werden. Das Herz der Pflanze muss über der Erde sitzen, sonst entwickelt sie keinen Kopf, sondern »schießt«, bildet also direkt einen Blütentrieb.

2. Tiefer und tiefer
Tomaten setzen entlang des Triebs schnell zusätzliche Wurzeln an. Sie werden also recht tief, mindestens 10–15 cm tief, gepflanzt. Praktisch: So können auch größere Jungpflanzen immer noch ausgepflanzt werden.

3. Abhärten ist wichtig
Von der warmen Fensterbank hinter Glas in die volle Sonne und ins kalte Beet. Das kann ein ganz schöner Schock sein. Deshalb werden vorgezogene Jungpflanzen langsam an die Bedingungen im Freien gewöhnt. Erst stundenweise, dann immer länger, bis gepflanzt wird.

FRÜHLING

Sattmacher: Kartoffeln

Kartoffeln sind das perfekte Gemüse für Selbstversorger. Sie sind wenig anspruchsvoll, Hauptsache, sie bekommen genug Dünger. Und man kann sie sowohl frisch verzehren als auch gut einlagern.

Die Kartoffel gehört zu den Nachtschattengewächsen. Sie stammt ursprünglich aus Südamerika und wird seit etwa 13 000 Jahren angebaut. Man kennt mittlerweile über 3000 Sorten. Die stärkehaltigen Knollen sind echte Energiebomben und lecker obendrein! In der Küche lassen sie sich vielfältig verwenden: gekocht, als Gratin, gestampft, gebraten oder als Salat. Das Tolle: Kartoffeln können im kühlen Keller oder in einer frostsicheren Garage viele Monate gelagert werden und sorgen so auch im Winter für Nachschub an frischem Gemüse.

Anbau und Pflege

Kartoffeln stammen zwar aus den hohen Gebirgsregionen der Anden, bevorzugen aber dennoch einen warmen, sonnigen Standort. Kartoffeln sind sogenannte Starkzehrer, die viele Nährstoffe brauchen. Es ist also sinnvoll, die Beete schon im Herbst mit Kompost anzureichern. Im Frühjahr lässt sich dann mit ein paar Handvoll Hornspäne für eine ausreichende Startdüngung sorgen. Bei sandigen, leichten Böden kommen die Kartoffeln schon ab Mitte Mai ins Beet, ist der Boden im Garten schwerer und lehmiger,

Ein paar Quadratmeter reichen, um den Eigenbedarf an Kartoffeln zu decken.

Frühkartoffeln sind besonders zart und aromatisch. Eine echte Delikatesse für Selbstversorger!

Clever gemacht

KARTOFFELN VORTREIBEN:

Kartoffeln wachsen schneller, wenn sie vor dem Pflanzen im Beet angetrieben werden. Das geht am besten in Eierkartons auf einer hellen, warmen Fensterbank.

* Die Pflanz- oder Setzkartoffeln werden spätestens ab März bei Temperaturen um die 10–15 °C in Eierkartons vorgetrieben.
* Schon nach ein paar Tagen werden die »Augen«, das sind die ruhenden Knospen in der Knolle, dick und beginnen auszutreiben.
* Es macht nichts, wenn die Knollen dabei etwas schrumpelig werden. Sie haben genug Energie und Feuchtigkeit gespeichert, um die neuen Triebe versorgen zu können.
* Ab Mitte/Ende April (nach 3–4 Wochen) geht es raus aufs Beet.

wartet man besser noch 1–2 Wochen. Die Knollen werden etwa 7–10 cm tief und im Abstand von etwa 30 cm gepflanzt. Zwischen den Reihen reicht ein halber Meter Abstand. Damit sich möglichst viele Knollen bilden, werden Kartoffeln angehäufelt. Das heißt, dass immer wieder neue Erde von den Seiten der Reihen an die Triebe gehäufelt wird, bis ein etwa 20–30 cm hoher Damm entstanden ist. Durch diesen Trick werden die Triebe länger und können mehr Kartoffelknollen bilden. Frühkartoffeln sind reif für die Ernte, wenn sich die ersten Blätter gelb verfärben. Wer ungeduldig ist, sticht auch schon einmal vorher mit der Grabe- oder Mistgabel neben den Damm, um nachzuschauen, ob die Knollen schon groß genug sind. Frühkartoffeln brauchen 8–10 Wochen, späte Sorten zum Einlagern etwa 12–16 Wochen ab dem Pflanzen bis zur Ernte. Um den Platz zwischen den Reihen optimal auszunutzen, sät man Buschbohnen zwischen den frisch gepflanzten Kartoffelknollen.

Ertrag

Pro Pflanze kann man mit 0,5–1 kg Knollen rechnen. Dabei ist der Ertrag bei den frühen Sorten mit ihren kleinen, zarten Knollen etwas niedriger. Bei Lagerkartoffeln erntet man pro Reihe (1 m lang) etwa 2–3 kg, das sind ungefähr 4–6 kg/m^2.

 FRÜHLING

Salate: Allroundtalente für Selbstversorger

Salat kann man im eigenen Beet fast nie genug haben. Denn knackfrisch aus dem Garten schmeckt er einfach super – und kein gekaufter Kopf aus dem Supermarkt kommt dagegen an.

> Salat am besten am Vormittag oder am Abend ernten, wenn die Blätter kühler sind. Dann halten sie sich viel länger. Schlappe Köpfe am Strunk anschneiden und in eine Schale kaltes Wasser stellen, dann werden sie schnell wieder knackig.

Salat darf in keinem Selbstversorgergarten fehlen. Kaum ein anderes Gemüse bietet eine solche Vielfalt: zarte Blätter, knackige Rippen und dazu ein mild-nussiges Aroma. Salate werden je nach Wuchs und Ernte in unterschiedliche Gruppen eingeteilt.

Kopfsalat hat eine geschlossene Form und relativ weiche Blätter mit mildem Aroma.

Pflücksalate haben nur lockere Rosetten. Meist kennt man sie als Eichblatt- oder Kraussalate. Sie sind perfekt für Selbstversorger, denn die Pflanzen können nach und nach abgeerntet werden, wenn man immer nur die unteren Blätter entfernt. So können Sie von einer einzigen Pflanze bis zu 6 Wochen lang Salatblätter ernten!

Schnittsalate wachsen schnell und sind ideal, um schon im März im Frühbeet frisches Grün anzubauen. Sie werden regelmäßig im Anstand von 2 Wochen ausgesät, damit laufend geerntet werden kann. Ein zweiter Schnitt lohnt nicht, denn die neuen Blätter sind nicht so zart wie die ersten.

Romanasalate werden vor allem im Sommer angebaut, da sie mehr Wärme vertragen als der Kopfsalat. Sie haben schlankere Köpfe und sind besonders knackig.

Zichoriensalate wie Frisée, Endivien, Zuckerhut und Radicchio sind ideal, um sich im Herbst mit frischem Salat zu versorgen. Beim Chicorée können sogar die Wurzelstöcke ausgegraben und im Winter im Keller angetrieben werden. Da ist die Salatversorgung rund ums Jahr garantiert.

Anbau und Pflege

Die Salatsaison beginnt im März, wenn die ersten Schnitt- und Kopfsalate im Frühbeet geerntet werden können. Beim Anbau ist es wichtig, die richtigen Sorten für die passende Jahreszeit zu wählen. So mag Kopfsalat die sommerliche Hitze nicht so gerne und »schießt«, bildet also einen vorzeitigen

Spät reifende Salate wie Eisbergsalat bilden große Köpfe. Da reicht einer schon mal als ganze Wochenration.

Von wegen langweilig: Die Sortenvielfalt bei Salat ist enorm. Hier die rotblättrige »Teufelszunge«.

Ab April kann Salat direkt gesät werden. Überzählige Jungpflanzen einfach umsetzen.

Blütenstand. Deutlich hitzeverträglicher sind die Romanasalate. Schnitt-, Kopf- und Pflücksalate brauchen relativ wenig Nährstoffe, Zichoriensalate wachsen langsamer und länger, bis sie geerntet werden und sind über eine Handvoll Dünger etwa 6 Wochen nach dem Pflanzen dankbar.

Vor allem wenn man viele Schnecken im Garten hat, ist es besser, vorgezogene Jungpflanzen zu setzen, als direkt zu säen. Rotblättrige Sorten werden nicht so gerne gefressen. Eine Strategie gegen Schnecken sind Opferpflanzen, also überzählige Salate am Beetrand. Sie dürfen getrost angefressen werden und verhindern, dass die Schnecken weiter ins Beet vorkriechen.

Kulturdauer

Schnittsalat kann schon 6–7 Wochen nach der Aussaat geerntet werden. Bei Kopf- und Pflücksalat sowie Romanasalat muss man mit einer Kulturdauer von 12–20 Wochen ab der Aussaat bzw. 6–9 Wochen nach der Pflanzung rechnen. Vorher zu ernten geht natürlich immer. Zichoriensalate wachsen langsamer. Die vorgezogenen Jungpflanzen werden etwa nach 3 Wochen ins Beet gesetzt und brauchen dann noch einmal gut 3 Monate bis zur Ernte. Bei der Anbauplanung ist es hilfreich, immer dann neu auszusäen, wenn die vorherigen Jungpflanzen die ersten richtigen Blätter bilden. So können Sie ununterbrochen frischen Salat ernten.

# FRÜHLING

Salat, Salat, Salat!

Kopfsalat
Lactuca sativa var. *capitata*

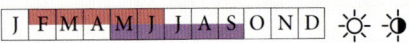

Saattiefe: 1 cm | Pflanzabstand: 30 × 25 cm

Aussaat: Vorkultur ab Februar, Direktsaat ab Ende März/Anfang April; **Pflanzung:** ab Mitte/Ende März unter Vlies; **Pflege:** nicht austrocknen lassen; auf Schnecken achten; **Kulturdauer:** ab Aussaat 12–20 Wochen, ab Pflanzung 6–9 Wochen; **Beetpartner:** fast alle Gemüse bis auf Petersilie und Sellerie.
Sorten: früh: 'Maikönig', 'Briweri', 'Larissa'; mittel: 'Rolando', 'Wunder von Stuttgart'; spät: 'Neckarriesen', 'Zulu'.
Nährstoffbedarf: mittel.
Ertrag pro Quadratmeter: 12–16 Köpfe.

Romanasalat
Lactuca sativa var. *longifolia*

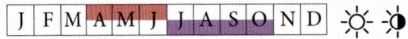

Saattiefe: 1 cm | Pflanzabstand: 30 × 30 cm

Aussaat: Vorkultur ab April, Direktsaat ab Ende Mai; **Pflanzung:** Sommersalat zur Pflanzung ab Mitte/Ende Mai; **Pflege:** nicht austrocknen lassen; auf Schnecken achten; **Kulturdauer:** ab Aussaat 12–20 Wochen, ab Pflanzung 6–9 Wochen; **Beetpartner:** fast alle Gemüse bis auf Petersilie und Sellerie.
Sorten: 'Brun d'hiver', 'Little Gem', 'Ovired', 'Valmaine', 'Xanadu'.
Nährstoffbedarf: mittel.
Ertrag pro Quadratmeter: 9–12 Köpfe.

Schnittsalat
Lactuca sativa var. *crispa*

Saattiefe: 1 cm | Reihenabstand 15 cm

Aussaat: Direktsaat ab März unter Vlies, ab April ungeschützt, alle 2 Wochen nachsäen; **Pflege:** nicht austrocknen lassen; auf Schnecken achten;
Kulturdauer: ab Aussaat 6–8 Wochen;
Beetpartner: fast alle Gemüse bis auf Petersilie und Sellerie.
Sorten: 'Red Salad Bowl', 'Green Salad Bowl', Lollo-Salate, Winter-Lattughino, Misticanza-Mischungen mit Salaten und Zichorien, 'Bunte Salatplatte'.
Nährstoffbedarf: niedrig bis mittel.
Ertrag pro Quadratmeter: 0,5–1 kg.

■ = Voranzucht und Aussaat ■ = Ernte ☼ Sonne ◐ Halbschatten ● Schatten

Salat, Salat, Salat!

Pflücksalat
Lactuca sativa var. *crispa*

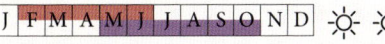

Saattiefe: 1 cm | Pflanzabstand: 30 × 25 cm

Aussaat: Vorkultur ab Februar, Direktsaat ab Ende März/Anfang April; **Pflanzung:** ab Mitte/Ende März unter Vlies; **Pflege:** nicht austrocknen lassen; die roten Sorten sind weniger anfällig für Schnecken; **Kulturdauer:** ab Aussaat 12–20 Wochen, ab Pflanzung 6–9 Wochen; **Beetpartner:** fast alle Gemüse bis auf Petersilie und Sellerie.
Sorten: 'Bijella' (früh und spät); 'Lollo Rossa', 'Lollo Bionda', 'Red Salad Bowl', 'Till', 'Cerbiatta' (alle früh bis spät).
Nährstoffbedarf: mittel.
Ertrag pro Quadratmeter: 9–16 Köpfe.

Spargelsalat
Lactuca sativa var. *angustana, asparagina*

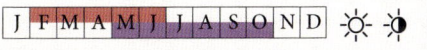

Saattiefe: 1 cm | Pflanzabstand: 30 × 30 cm

Aussaat: Vorkultur ab Februar, Direktsaat ab Februar/März/Anfang April; **Pflanzung:** ab Mitte/Ende März unter Vlies; **Pflege:** nicht austrocknen lassen; erst ernten, wenn der Salat schießt und in die Höhe wächst; **Kulturdauer:** ab Aussaat 12–20 Wochen, ab Pflanzung 8–10 Wochen; **Beetpartner:** fast alle Gemüse bis auf Petersilie und Sellerie.
Sorten: 'Roter Stern', 'Grüner Stern' (früher erntereif als die rote Variante), 'Chinesische Keule'.
Nährstoffbedarf: mittel.
Ertrag pro Quadratmeter: 9–12 Köpfe.

Feldsalat
Valerianella locusta

Saattiefe: 1–2 cm | Reihenabstand: 10–15 cm

Aussaat: Aussaat ab September/Oktober für die Ernte im Frühjahr, bei zu warmem Wetter keimen die Samen nicht; **Pflanzung:** im Spätsommer vorgezogene Jungpflanzen für die Ernte im Herbst; **Pflege:** im Winter mit Vlies abdecken; bei Kultur im Frühbeet regelmäßig lüften; **Kulturdauer:** im Frühjahr 5–7, im Sommer 8–10 Wochen, im Herbst/Winter 3–4 Monate; **Beetpartner:** alle Gemüse.
Sorten: 'Elan', 'Verte de Cambrai', 'Vit', 'Gala', 'Holländischer Breitblättriger'.
Nährstoffbedarf: niedrig bis mittel.
Ertrag pro Quadratmeter: 0,9–1,2 kg.

FRÜHLING

Jedes Böhnchen ... Hülsenfrüchte

Erbsen, Zuckerschoten, Buschbohnen, Stangen-, Prunk- und Feuerbohnen und die Dicken Bohnen, die man von den Großeltern noch als Saubohnen kennt – das sind die Hülsenfrüchte.

Info

Busch- und Stangenbohnen enthalten das giftige Glykosid Phasein und dürfen nicht roh gegessen werden. Erst nach dem Kochen sind sie genießbar. Erbsen und Dicke Bohnen eignen sich auch zum Rohverzehr.

Erbsen gibt es als Pal- oder Trockenerbsen, Markerbsen mit zarten, dicken Samen und als Zuckerschoten, bei denen nicht der Same, sondern die Schote gegessen wird.

Buschbohnen werden als grüne oder Schnippelbohnen geerntet, bevor die Samen reif sind. Es gibt sie mit gelben, grünen, purpurvioletten oder mehrfarbigen Hülsen.

Stangenbohnen bilden bis zu 3 m lange Triebe, die an einem Klettergerüst emporschlingen. Die Bohnen erntet man frisch oder als Trockenbohnen, wenn die Hülsen braun werden. Auch Feuer- und Prunkbohnen schlingen an langen Stangen empor.

Dicke Bohnen bezeichnet man auch als Ackerbohne, Puffbohnen oder Saubohnen. Sie bilden große Samen in den Schoten, die jung geerntet (Hülse enthält noch wenig Fasern) oder auch getrocknet werden können.

Anbau und Pflege

Alle Hülsenfrüchte brauchen einen lockeren Boden, der nicht zu stark gedüngt werden muss, da sie den Stickstoff aus der Luft mithilfe von Knöllchenbakterien in den Wurzeln aufnehmen können. Dicke Bohnen und Erbsen kann man schon ab März aussäen. Buschbohnen brauchen mehr Wärme und werden besser ab Ende März vorgezogen und im April gepflanzt, Stangenbohnen kommen erst Mitte bis Ende Mai nach draußen. Bei allen Arten ist es wichtig, sie regelmäßig (alle 3–4 Tage) durchzupflücken, damit immer wieder neue Früchte angesetzt werden. Erbsen brauchen eine Rankhilfe, dazu einfach Reisigzweige ins Beet stecken.

Ertrag

Buschbohnen bringen etwa 4 kg/m², Stangenbohnen 1 kg pro Stange, Erbsen 5 kg/m² und Dicke Bohnen bis zu 9 kg/m².

Bohnen gibt es in vielen Farben und Formen zum Frischverzehr, zum Einmachen oder Trocknen.

Clever gemacht

ERBSEN AUS DER REGENRINNE:

1. Aussaat
Die trockenen Erbsensamen über Nacht in ausreichend Wasser einweichen, damit sie schön aufquellen. So können sie gleich mit der Keimung loslegen. Die Samen werden im Abstand von 2–3 cm in eine mit Aussaaterde gefüllte ausrangierte Regenrinne gesät.

2. Vorkultur
Bei nicht zu warmen Temperaturen (15 °C sind ideal) wachsen die Jungpflanzen schnell heran und können, wenn sie ungefähr 10 cm hoch sind, ins Freie gepflanzt werden.

3. Auspflanzen
Zum Pflanzen wird im Beet einfach mit der Ziehhacke oder einem Grubber ein kleiner Graben gezogen, der in etwa so tief wie die Rinne sein sollte. Regenrinne ansetzen, Erbsen ins Beet gleiten lassen und angießen. Fertig!

FRÜHLING

Blattgemüse und Rüben

Ob knackige Rohkost, gedünstet als Beilage oder als herzhafter Eintopf – Spinat, Mangold, Rote Bete und Rüben bringen Abwechslung in die Küche und eignen sich auch prima für die Vorratshaltung!

> Bei Mangold, Spinat und Rüben gibt es spezielle Sorten für den Anbau im Frühjahr, Sommer und Herbst. Achten Sie beim Samenkauf bzw. der Aussaat darauf, geeignete Sorten zu wählen.

Spinat, Mangold und Rüben sind anspruchslose Gemüse, die in nahezu jedem Boden gedeihen und bei deren Anbau man deshalb fast nichts falsch machen kann.

Spinat & Mangold

Diese beiden Blattgemüse sind nah miteinander verwandt und haben ähnliche Ansprüche an den Boden sowie an den Wasser- und Nährstoffbedarf. Spinat wird vor allem im Frühjahr und dann wieder ab dem Spätsommer angebaut, Mangold das ganze Jahr.

Spinat ist ein vielseitiges Blattgemüse, das im Frühjahr und Frühsommer als zarter Babyspinat auf den Tisch kommt. Die Pflanzen können breitwürfig, also über die ganze Beetfläche ausgesät werden. Sobald die Blätter eine Größe von 5–10 cm erreicht haben, kann man sie schneiden und als Salat oder zum Kochen und Dünsten verwenden. Wer kräftigere Spinatblätter mit dicken, sukkulenten Stielen ernten möchte, sät besser in Reihen und vereinzelt die Pflanzen, damit sich die Blattrosetten gut entwickeln können. Spinat ist eine Langtagspflanze, das bedeutet, dass die länger werdenden Tage im Frühjahr die Blütenbildung anregen. Daher ist es für den Anbau wichtig, sogenannte »schossfeste« Sorten auszuwählen, die nicht so schnell blühen. In den heißen Sommermonaten mit langen Tagen und kurzen Nächten legt man eine Anbaupause ein.

Mangold gibt es in zwei Formen: als Blattmangold und Stielmangold. Beim Blattmangold, der auch Schnittmangold oder Römischer Kohl genannt wird, werden die zarten Blätter verwendet. Und da die Pflanze immer wieder austreibt, kann man sie lange beernten. Vom Stiel- oder Rippenmangold werden die Blätter wie Spinat, die dicken, saftigen Stiele und Blattrippen wie Spargel verarbeitet. Wenn man die Blattschöpfe nicht komplett aberntet, sondern immer nur die äußeren Blätter schneidet, sorgt die Pflanze monatelang für Nachschub. Da Mangold sehr lange Wurzeln ausbildet, die gut und gerne über einen Meter tief ins Erdreich wachsen, ist er relativ unempfindlich gegen sommerliche Trockenheit – ein ideales Gemüse für Wochenendgärtner.

Herbstspinat hat größere, feste Blätter und ist ideal zum Dünsten und Einfrieren.

Asia-Salate und Pak Choi gehören zu den Kohlgewächsen und sind so nah miteinander verwandt, dass die Übergänge zuweilen fließend sind. Der Geschmack reicht von mild und knackig-frisch bis scharf und rassig. Wie alle Kohlgewächse bevorzugen sie kalkhaltigen Boden, daher ist eine Portion Algenkalk zur Beetvorbereitung sinnvoll. Obendrein beugt dieser dem Befall der Wurzeln mit Kohlhernie, einer Bakterienkrankheit, vor. Asia-Salate kommen am besten als Rohkost zur Geltung, Pak Choi schmeckt auch gedünstet oder kurz gebraten im Wok-Gemüse.

Rote Bete und Rüben

Rote Bete ist mit Mangold verwandt und bildet dicke runde oder längliche Rüben, die rot, weiß, gelb oder auch geringelt sein können – je nach Sorte. Auch die zarten Blättchen sind essbar und peppen Salate auf.

Mairübchen und Herbstrüben – zwei Namen für ein und dasselbe Gemüse, je nachdem, zu welcher Jahreszeit es angebaut wird. Rüben gehören zu den Kohlgewächsen.

Steck- oder Kohlrüben zählen zu den typischen Herbstgemüsen und sind damit prädestiniert für den Anbau in der zweiten Jahreshälfte. In der Küche gelten sie als Verwandlungskünstler, da sie nahezu jeden Geschmack annehmen. Ob mit Kohlrabi, Sellerie, Möhren oder Pastinaken gekocht oder mit sauren Gurken eingelegt – sie schmecken wie der jeweilige Partner, und sogar Apfelmus lässt sich mit ein paar Kohlrüben mengenmäßig aufwerten. Darum kann man diese perfekt zum Strecken von Obst und Gemüsen verwenden, wenn deren Ertrag einmal nicht so üppig ausgefallen ist.

Mangold schmeckt nicht nur lecker, er sieht auch noch klasse aus.

Rüben erleben gerade eine Renaissance. Es gibt viele Arten und Sorten.

 FRÜHLING

Für jeden Geschmack ist etwas dabei

Spinat
Spinacia oleracea

 ☼ ☽

Saattiefe: 3–4 cm | Reihenabstand 10–30 cm

Aussaat: Direktsaat ab Ende März/Anfang April, dann wieder ab August/September; **Pflanzung:** ab September; **Pflege:** wichtig ist die Sortenwahl passend zum Anbauzeitraum; regelmäßig wässern, blüht sonst bei Trockenheit; **Kulturdauer:** ab Aussaat 6–8 Wochen; **Beetpartner:** Kohl, Radieschen, Tomaten. **Sorten:** 'Red Cardinal' (früh), 'Butterfly' und 'Matador' (früh und spät), 'Winterriesen' (spät).
Nährstoffbedarf: mittel.
Ertrag pro Quadratmeter: 0,8–1 kg.

Mangold
Beta vulgaris subsp. *vulgaris*

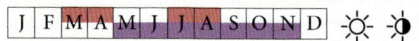 ☼ ☽

Saattiefe: 2–3 cm | Pflanzabstand: 30 × 25 cm

Aussaat: Vorkultur ab März, Direktsaat ab März (unter Vlies) bis April, dann wieder ab August/September; **Pflanzung:** ab April und ab August; **Pflege:** ausreichend wässern; schwache Keimlinge aus den Reihen entfernen; regelmäßig beernten; **Kulturdauer:** ab Aussaat 6–8 Wochen für Blattmangold, Stielmangold mind. 12 Wochen; **Beetpartner:** Kohlrabi, Lauch, Salat, Sellerie.
Sorten: 'Lukullus', 'Bright Lights'.
Nährstoffbedarf: mittel.
Ertrag pro Quadratmeter: 1,2–3 kg.

Asia-Salate
Brassica junda, B. rapa subsp.

 ☼ ☽

Saattiefe: 1–2 cm | Reihenabstand 15 cm

Aussaat: Direktsaat ab Ende März bis September alle 2–3 Wochen; **Pflege:** gleichmäßig feucht halten; keine Düngung nötig; **Kulturdauer:** ab Aussaat 5–7 Wochen; **Beetpartner:** Spinat, Schnittsalat, Radieschen.
Sorten: 'Green in Snow', 'Misome', 'Mizuna', 'Pak-Choi', 'Red Giant', 'Komatsuna'.
Nährstoffbedarf: niedrig.
Ertrag pro Quadratmeter: 0,5–1 kg.

■ = Voranzucht und Aussaat   ■ = Ernte   ☼ Sonne   ☽ Halbschatten   ● Schatten

Für jeden Geschmack ist etwas dabei

Pak Choi
Brassica rapa subsp. *chinensis*

Saattiefe: 2 cm | Pflanzabstand: 30 × 30 cm

Aussaat: Vorkultur ab Mai bis Juni, Direktsaat ab Juni bis Juli; **Pflanzung:** ab Juli/August; **Pflege:** unbedingt mit Kompost oder Rasenschnitt mulchen, damit die flachen Wurzeln nicht austrocknen; bei der Pflanzung bzw. Aussaat Algenkalk zugeben, um Krankheiten vorzubeugen; **Kulturdauer:** ab Aussaat 6–8 Wochen; **Beetpartner:** Rote Bete, Mangold, Salat, Selerie. **Sorten:** 'Mei Qing Choi', 'Tatsoi', 'Misome', 'White Celary Mustard'.
Nährstoffbedarf: mittel.
Ertrag pro Quadratmeter: 6–9 Köpfe.

Kohlrabi
Brassica oleracea convar. *caulophora* var. *gongyloides*

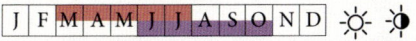

Saattiefe: 1 cm | Pflanzabstand: 25 × 25 cm

Aussaat: Vorkultur ab Februar bis Mai, Direktsaat ab März bis Juni, nach 4–5 Wochen vereinzeln; **Pflanzung:** ab März; **Pflege:** gleichmäßig wässern, bei Trockenheit und Nährstoffmangel werden die Knollen faserig; **Kulturdauer:** ab Aussaat 8–10 Wochen; **Beetpartner:** Salat, Spinat, Erbsen.
Sorten: weiß: 'Lanro', 'Noriko'; blau: 'Azurstar', 'Blaro', 'Blauer Speck'.
Nährstoffbedarf: mittel.
Ertrag pro Quadratmeter: frühe Sorten 0,8–1,5 kg, späte Sorten 2–3 kg.

Radieschen
Raphanus sativus var. *sativus*

Saattiefe: 1-2 cm | Reihenabstand: 10–20 cm

Aussaat: Direktsaat ab März bis Mitte September im Abstand von 2–3 Wochen; **Pflege:** nach der Keimung schwache Sämlinge ausdünnen (auszupfen), damit nur die kräftigsten stehen bleiben; rasch ernten, sonst werden sie faserig; die Blätter wie Asia-Salat verwenden; **Kulturdauer:** ab Aussaat 4–6 Wochen; **Beetpartner:** Salat, Kresse, Dill, Kerbel. **Sorten:** für Frühling und Herbst: 'Eiszapfen', 'Marike', 'Bunte Mischung'; Sommer: 'Cherry Belle', 'Parat', 'Rudi', 'Sora'.
Nährstoffbedarf: mittel.
Ertrag pro Quadratmeter: 0,6–0,8 kg.

 FRÜHLING

Ganz schön tiefgründig: Wurzelgemüse

Möhren, Pastinaken und Petersilienwurzeln – die vielseitigen Vertreter aus der Familie der Doldenblütler haben einen festen Platz im Gemüsegarten. Und auf dem Teller!

Info

Möhren keimen langsam und ungleichmäßig. Damit die Aussaat nicht »in Vergessenheit gerät« und die Keimlinge beim Jäten oder Hacken nicht beschädigt werden, legt man alle paar Zentimeter einige Radieschensamen als Markiersaat mit in die Reihe.

Rund und kurz, lang, dick oder dünn – Möhren gibt es in vielen Formen und Farben. Die kleinen Babykarotten wachsen sogar im Balkonkasten oder in Töpfen und Kübeln. Möhren wie auch Petersilienwurzeln und Pastinaken sind zweijährige Pflanzen, die im ersten Jahr einen dichten Blattschopf und eine Rübenwurzel ausbilden. Im Folgejahr entwickeln sie dann einen Blütenstand.

Frisch aus dem Beet schmecken Frühmöhren besonders knackig.

Möhren

Möhren, auch Karotten oder Gelbe Rüben genannt, brauchen wie alle Wurzelgemüse einen lockeren, tiefgründigen Boden. Sie würden es zwar schaffen, in schweren Böden zu wachsen, keine Frage, doch besteht dann eher die Gefahr, dass sie sich verzweigen oder krumm werden. Bei ungeeignetem Untergrund lohnt sich also die Anlage eines Hügelbeetes (→ Seite 44). Zur Vorbereitung sollte der Boden schon im Herbst mit Kompost gedüngt werden, frischen Kompost mögen Wurzelgemüse nämlich nicht.
Die oft empfohlene Kombination von Möhren und Zwiebeln als Mischkultur funktioniert nur im Frühjahr gut; im Herbst brauchen Zwiebeln einen trockenen Boden, Möhren dagegen viel Feuchtigkeit – eine Diskrepanz, die man vermeiden sollte, indem man Zwiebeln nur gemeinsam mit Frühmöhren anbaut. Wichtig ist eine gleichmäßige Wasserversorgung. Bei zu großer Trockenheit setzen die Pflanzen vorzeitig Blüten an, und die Rüben können nach einem Regenschauer oder nach dem Gießen aufplatzen.
Der Ertrag hängt sehr vom Erntezeitpunkt ab. Je länger die Rüben im Beet bleiben, desto größer und schwerer werden sie und desto mehr gesunde Inhaltsstoffe lagern sie ein. Sie können aber auch schon sehr jung aus dem Boden gezogen werden.

Ganz schön tiefgründig: Wurzelgemüse

Es muss nicht immer Orange sein. Möhren gibt es auch in Gelb, Weiß, Rot oder Purpurn. Ganz oben große Pastinaken.

Pastinaken sind das perfekte Wintergemüse für eine wärmende Suppe.

Pastinaken & Wurzelpetersilie

Pastinaken und Petersilienwurzeln werden oft verwechselt, lassen sich aber relativ einfach auseinanderhalten. Solange sie noch im Beet stehen, erkennt man Pastinaken an ihrem derb wirkenden Laub, das grob gefiedert ist. Petersilienwurzeln haben feinere Blätter, die aussehen wie – na eben Petersilie. Die bereits geernteten Rüben kann man am Blattansatz unterscheiden: Pastinaken haben einen eingesunkenen Blattansatz, der wie ein Nabel aussieht, bei der Petersilienwurzel ist der Blattansatz erhöht und steht über die Rübe hinaus. Der Anbau von Pastinaken und Petersilienwurzeln unterscheidet sich nicht von dem der Möhre, allerdings brauchen beide viel länger, um erntereif zu werden. Dafür sind sie frosthart und können auf dem Beet überwintern. Eine Vliesabdeckung erleichtert die Ernte bei Schnee. Bis zum Frühling sollten alle Rüben geerntet sein, da sie sonst zu blühen beginnen. Wie bei Möhren ist auch bei Pastinaken und Petersilienwurzeln ein Schutznetz gegen die Möhrenfliege ratsam. Mit einem einfachen Trick lässt sich der Anbau von Pastinaken sogar den jeweiligen Bodenverhältnissen anpassen: Kurzrübige Sorten wachsen auch auf schweren, lehmigen Böden, während solche mit langen Rüben auf leichten, sandigen Böden besser gedeihen. Hier sollten die Samen dann etwas tiefer (etwa 4 cm) gesät werden, damit die Keimlinge nicht austrocknen.

Frisches Grün im Winter

Die abgeschnittenen »Köpfe« von Wurzelpetersilie bitte nicht wegwerfen: Wenn Sie diese in eine flache Schale mit Wasser legen, treiben sie in nur wenigen Tagen einen kleinen Schopf frisches Petersiliengrün!

FRÜHLING

Wurzelgemüse

Möhren
Daucus carota

| J | F | M | A | M | J | J | A | S | O | N | D | ☼ |

Saattiefe: 1–2 cm | Reihenabstand: 25–30 cm

Aussaat: Direktsaat ab März bis Juni alle 3–4 Wochen; **Pflege:** wichtig ist die Sortenwahl passend zum Anbauzeitraum; Sämlinge ausdünnen; ab Mitte Mai mit einem Kulturschutznetz abdecken; **Kulturdauer:** Frühmöhren ab Aussaat 2,5–3 Monate, Lagermöhren 5–7 Monate; **Beetpartner:** Dill, Erbsen, Lauch.
Sorten: früh: 'Amsterdamer', 'Pariser Markt', mittelfrüh: 'Nantaise 2/Milan', spät: 'Purple Haze', 'Milan'.
Nährstoffbedarf: mittel.
Ertrag pro Quadratmeter: 1,5–4 kg.

Pastinake
Pastinaca sativa

| J | F | M | A | M | J | J | A | S | O | N | D | ☼ |

Saattiefe: 2–3 cm | Reihenabstand: 40 cm

Aussaat: Direktsaat ab März bis April; Kältereiz bei zu früher Aussaat kann zum Schießen führen; späte Aussaaten weniger ertragreich; **Pflege:** nach dem Keimen auf 10 cm vereinzeln; nicht austrocknen lassen; ab Mitte Mai mit Kulturschutznetz gegen Möhrenfliegen abdecken; **Kulturdauer:** ab Aussaat 6–12 Monate; **Beetpartner:** Spinat, Zwiebeln.
Sorten: 'Halblange Weiße', 'Aromata', 'White Gem', 'White King'.
Nährstoffbedarf: mittel.
Ertrag pro Quadratmeter: 2–3 kg.

Petersilienwurzel
Petroselinum crispum subsp. *tuberosum*

| J | F | M | A | M | J | J | A | S | O | N | D | ☼ |

Saattiefe: 2–3 cm | Reihenabstand: 30 cm

Aussaat: Direktsaat ab März/April; **Pflege:** nach dem Keimen auf 5 cm vereinzeln; nicht austrocknen lassen; ab Mitte Mai mit Kulturschutznetz gegen Möhrenfliegen abdecken; braucht mehr Wasser als Möhren; mäßige Düngung; nicht sonderlich konkurrenzstark, daher regelmäßig Unkraut jäten; **Kulturdauer:** ab Aussaat 3–8 Monate; **Beetpartner:** Rettich, Tomate, Erdbeere.
Sorten: 'Halblange', 'Lange Oberlaaer'.
Nährstoffbedarf: mittel.
Ertrag pro Quadratmeter: 1,5–3 kg.

■ = Voranzucht und Aussaat   ■ = Ernte   ☼ Sonne   ☽ Halbschatten   ● Schatten

Knollensellerie
Apium graveolens

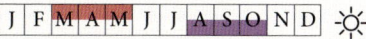

Saattiefe: 0,5 cm | Pflanzabstand: 40 × 40 cm

Aussaat: ab März in flache Schalen aussäen, nach 4 Wochen in kleine Töpfchen pikieren; **Pflanzung:** ab Mai/Juni; **Pflege:** Sellerie braucht viel Dünger und darf nicht austrocknen, sonst werden die Knollen faserig, oder er blüht vorzeitig; Knollen zum Einlagern bis Oktober reifen lassen; **Kulturdauer:** ab Aussaat 6–7 Monate; **Beetpartner:** Buschbohnen, Brokkoli, Lauch, Tomaten.
Sorten: 'Bergers Weiße Kugel', 'Ortho'.
Nährstoffbedarf: hoch.
Ertrag pro Quadratmeter: 3–5 kg.

Fenchel
Foeniculum vulgare

Saattiefe: 1 cm | Pflanzabstand: 30 × 40 cm

Aussaat: ab März in Schalen oder kleinen Töpfen; **Pflanzung:** ab Mitte Mai, nicht zu tief, sonst bilden sich flache Knollen, und der Fenchel blüht vorzeitig; **Pflege:** nicht zu feucht halten, aber auch nicht austrocknen lassen; sobald sich die Knollen bilden, mit Hornspänen düngen; **Kulturdauer:** ab Aussaat 4–6 Monate; **Beetpartner:** Gurken, Erbsen, Salat, Endivie.
Sorten: Sommeranbau: 'Fino', 'Perfection', 'Selma', 'Rondo'; Aussaat im Juni, Ernte im Herbst: 'Sirio'.
Nährstoffbedarf: mittel.
Ertrag pro Quadratmeter: 1–1,5 kg.

Rettich
Raphanus sativus

Saattiefe: 2–3 cm | Reihenabstand: 25 cm

Aussaat: ab März bis August direkt ins Beet; **Pflege:** der Boden muss feucht bleiben, sonst werden die Rettiche hohl und pelzig; keinen frischen Kompost geben, besser das Beet im Herbst mit Kompost düngen; **Kulturdauer:** Früh- und Sommerrettiche 2–3 Monate, Winterrettich 3–4 Monate; **Beetpartner:** Salat, Spinat, Erbsen, Buschbohnen.
Sorten: Frühling: 'Ostergruß'; Sommer: 'Züricher Markt'; Herbst: 'Blauer Herbst und Winter'.
Nährstoffbedarf: mittel.
Ertrag pro Quadratmeter: 1,5–2,5 kg.

 FRÜHLING

Jetzt stecken, später ernten: Zwiebeln

Zwiebeln dürfen in keinem Selbstversorgergarten fehlen. Sie lassen sich frisch als Gemüse, zum Würzen und als Beigabe verwenden und können mehrere Monate eingelagert werden.

Info

Vor der Ernte von Gemüsezwiebeln zum Einlagern das Laub nie umknicken, sondern warten, bis es von alleine gelb geworden und eingetrocknet ist.

Zwiebelgemüse zählen zur Familie der Lauchgewächse, zu denen auch Kräuter wie der Schnittlauch und Wildgemüse wie beispielsweise der Bärlauch gehören.

Zwiebeln

Zwiebeln sind zweijährige Pflanzen, d. h., sie bilden im ersten Jahr nur Blätter und die typische Zwiebel aus, im zweiten dann einen Blütentrieb. Zwiebeln lassen sich zwar aussäen, einfacher geht der Anbau jedoch mit Steckzwiebeln, die ab Ende März bis April ins Beet kommen. Die Sortenvielfalt ist groß, es gibt runde bis längliche, kleine, scharfe und große, milde Zwiebeln. Auch das noch grüne Laub der Pflanze ist essbar.

Küchen- oder Gemüsezwiebeln haben eine weiße, braune oder rote Schale und sind je nach Sorte mild und süßlich bis tränentreibend scharf. Sie können auch schon früh als Bundzwiebel geerntet werden.

Lauch- und Frühlingszwiebeln gehören gleichfalls zu den Küchenzwiebeln, bilden aber nur kleine oder längliche Zwiebelchen und weiße oder purpurne Schäfte mit grünen Röhrenzwiebeln aus.

Schalotten haben ein besonders feines Aroma. Die Zwiebeln können weiß oder rötlich, rund oder länglich sein. Aus einer Pflanzzwiebel entwickeln sich gruppenweise viele kleine Teil- oder Tochterzwiebeln.

Winterheckenzwiebeln treiben lange Röhrenblätter, die im Winter als Ersatz für Lauch- und Frühlingszwiebeln dienen. Generell sind alle Zwiebelgemüse recht genügsam und wachsen mehr oder weniger von alleine. Wichtig ist, dass sie während der Wachstumsphase nicht austrocknen, sonst blühen sie vorzeitig oder werden zu scharf. Gegen die Zwiebelfliege hilft eine Tunnelabdeckung mit einem Kulturschutznetz, das die passende Maschenweite hat.

Weiße Gemüsezwiebelchen sind besonders mild und ideal für Rohkostsalate.

Lauch oder Porree

Auch Lauch kann ausgesät werden, dann dauert die Kultur jedoch etwa 8–10 Wochen länger. Schneller und sicherer funktioniert der Anbau mit vorgezogenen Jungpflanzen. Je später diese gesetzt werden, desto tiefer kommen sie in die Erde. Die Blätter und Wurzeln müssen Sie dabei nicht einkürzen, wie man oft liest. Nach dem Pflanzen häufelt man die Setzlinge mit Erde etwas an. Vorsichtig hacken, denn die ersten Wurzeln wachsen dicht unter der Erdoberfläche und werden schnell verletzt. Lauch ist ein Starkzehrer und braucht viele Nährstoffe, daher bekommt der Herbstlauch im September noch eine Portion Kompost und Hornspäne. Herbst- und Winterlauch ist frosthart und bleibt im Winter auf dem Beet. Damit man bei frostfreiem Wetter leichter ernten kann, ist eine Abdeckung mit Vlies sinnvoll. Lauch wurzelt sehr tief und lockert dabei den Boden – ideal für Möhren & Co., die im Frühjahr auf der Fläche gesät werden.

Knoblauch

Knoblauch wird im Herbst ab Oktober ins Beet gesteckt oder im Spätwinter ab Februar bzw. März. Aus den kleinen Tochterzwiebeln oder bei Aussaat bildet Knoblauch im ersten Jahr eine einzige Knolle, die typischen mehrzehigen Knollen gibt es nur, wenn Zehen gesteckt werden. Im Spätsommer und Herbst sollte Knoblauch trockener stehen, damit die Knollen ausreifen. Er kann daher ab Mitte/Ende Juli geerntet werden, wenn die unteren Blätter vergilben. Zum Einlagern müssen die Knollen gut trocknen und halten sich dann, kühl und trocken aufbewahrt, einige Monate.

Im Frühling gesteckt, im Herbst geerntet: Gemüse- oder Küchenzwiebeln.

Knoblauch immer mit der Spitze nach oben und etwa 5 cm tief ins Beet stecken.

FRÜHLING

Zwiebeln, Knoblauch & Co.

Gemüsezwiebel
Allium cepa var. *cepa*

Saattiefe: 1–2 cm | Reihenabstand: 20 cm

Aussaat: Direktsaat ab März bis April;
Pflanzung: Steckzwiebeln ab März/April bis Mai, die Spitze sollte gerade noch aus der Erde ragen; **Pflege:** bis Juni regelmäßig gießen, sonst bleiben die Zwiebeln klein; ab Ende Juni zum Ausreifen nicht mehr gießen; **Kulturdauer:** ab Aussaat 7–9 Monate; **Beetpartner:** Möhren, Pastinaken, Rote Bete, Salat.
Sorten: 'Sturon', 'Robelja', 'Stuttgarter Riesen'.
Nährstoffbedarf: niedrig bis mittel.
Ertrag pro Quadratmeter: 2–3 kg.

Schalotte
Allium cepa var. *ascalonicum*

Saattiefe: 1–2 cm | Reihenabstand: 20 cm

Pflanzung: Steckzwiebeln ab April bis Mai und damit später als Gemüsezwiebeln, da Schalotten mehr Wärme brauchen; **Pflege:** bis Juni regelmäßig gießen, bei Trockenheit bleiben die Zwiebeln klein; ab Ende Juni nicht mehr gießen, damit die Zwiebeln ausreifen können;
Kulturdauer: ab Aussaat 7–9 Monate;
Beetpartner: Möhren, Pastinaken, Rote Bete, Salat.
Sorten: 'Red Sun', 'Yellow Moon'.
Nährstoffbedarf: niedrig bis mittel.
Ertrag pro Quadratmeter: 1–2 kg.

Frühlings- oder Lauchzwiebel
Allium cepa var. *cepa*

Saattiefe: 1–2 cm | Reihenabstand: 20 cm

Aussaat: Direktsaat ab März bis April, dann alle 4 Wochen, um laufend ernten zu können; **Pflege:** regelmäßig gießen, bei Trockenheit bleiben die Zwiebeln klein; geerntet wird nach Bedarf, wenn die Schäfte und Zwiebelchen dick genug sind; **Kulturdauer:** ab Aussaat 2–4 Monate; **Beetpartner:** Möhren, Pastinaken, Rote Bete, Salat.
Sorten: 'Ishikura Long White', 'Rossa Lunga di Firenze'.
Nährstoffbedarf: niedrig.
Ertrag pro Quadratmeter: 0,8–1,5 kg.

■ = Voranzucht und Aussaat   ■ = Erntezeit   ☼ Sonne   ◐ Halbschatten   ● Schatten

Zwiebeln, Knoblauch & Co.

Knoblauch
Allium sativum

 ☼

Pflanztiefe: 5 cm | Pflanzabstand: 10–15 × 20 cm

Pflanzung: Im Oktober oder Februar/März stecken, etwa 5 cm tief; **Pflege:** im Herbst gepflanzt, blüht Knoblauch im nächsten Jahr, die Tochterzwiebelchen können dann gleich eingepflanzt werden; **Kulturdauer:** 7–10 Monate; **Beetpartner:** Erdbeeren, Kohl, Tomaten, Sellerie.
Sorten: 'Edenrosa', 'Germiodour', 'Printanor' (rosa), 'Flavor', 'Cledor', 'Mesidor' (weiß); der Schlangenknoblauch (*A. sativum* var. *ophioscorodon*) hat verdrehte Stängel und schmeckt milder.
Nährstoffbedarf: niedrig.
Ertrag pro Quadratmeter: 35 Knollen.

Lauch, Porree
Allium porrum

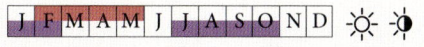 ☼ ☾

Saattiefe: 1–2 cm | Pflanzabstand: 15 × 40 cm

Aussaat: Vorkultur ab Februar/März (Sommer- und Herbstsorten) und April/Mai (Herbst- und Winterlauch); **Pflanzung:** März/April bzw. Mai/Juni je nach Sorte, im Frühjahr 8 cm, im Sommer 15 cm tief; **Pflege:** regelmäßig gießen; nicht zu hoch anhäufeln, sonst kommt Erde zwischen die Blätter; **Kulturdauer:** 4–6 Monate; **Beetpartner:** Möhren, Sellerie, Petersilie.
Sorten: früh: 'Schweizer Riesen', spät: 'Blaugrüner Winter' (winterhart).
Nährstoffbedarf: hoch.
Ertrag pro Quadratmeter: 4–5 kg.

Winterheckenzwiebel
Allium fistulosum

 ☼

Saattiefe: 1–2 cm | Pflanzabstand: 30 × 30 cm

Pflanzung: März oder September; **Pflege:** die Pflanzen sind mehrjährig und können laufend beerntet werden; im Frühjahr düngen; im Sommer regelmäßig gießen; **Kulturdauer:** mehrjährig; getopfte Pflanzen können auch im Winter auf der kühlen Fensterbank gehalten werden und liefern dann die schmackhaften Röhrenblätter; **Beetpartner:** Möhren, Salat, Zichoriensalate.
Sorten: 'Ungarische', 'Red Welsh', meist wird die Art gepflanzt.
Nährstoffbedarf: mittel.
Ertrag pro Quadratmeter: 0,8–1 kg.

FRÜHLING

Unkraut? Das kann raus!

HORN-SAUERKLEE
Oxalis corniculata

Merkmale: Vierblättrige grüne, bei direkter Sonneneinstrahlung auch rötliche oder purpurne Blättchen und gelbe Blüten. Lange Pfahlwurzel, aus der die Pflanze immer wieder austreibt.

1. Der Horn-Sauerklee stammt ursprünglich aus dem Mittelmeerraum und fasst durch den Klimawandel immer weiter Fuß. Er verbreitet sich durch Wurzelausläufer und durch Samen, die aus den kleinen Kapseln mehrere Meter weit weggeschleudert werden.
2. Horn-Sauerklee lässt sich am besten durch regelmäßiges Hacken (noch vor der Blüte!) und eine 5 cm dicke Mulchschicht bekämpfen.

PORTULAK
Portulaca oleracea

Merkmale: Fleischige Triebe mit links und rechts davon abstehenden, sukkulenten Blättchen. Rötliche Stiele, gelbe Blüten.

10 000 Samen pro Pflanze, die bis zu 40 Jahre im Boden überdauern können – da hilft nur, sich mit diesem Überlebenskünstler, dem einjährigen Portulak, zu arrangieren. Die Samen keimen nur am Licht, also hilft regelmäßiges Hacken und Mulchen. Da die saftigen Triebe schnell wieder anwachsen, müssen sie vor dem Kompostieren komplett austrocknen.

MULCHEN, MULCHEN ...
Unkrautunterdrückung für Faule

Sie brauchen: Rasenschnitt, feines Häckselgut, Rindenhäcksel

1. Viele Unkräuter, die sich durch Samen verbreiten, keimen erst, wenn sie – beispielsweise durch Hacken oder Umgraben – ans Licht der Erdoberfläche kommen. Ohne Lichtreiz bleiben sie »ruhig« im Boden.
2. Als Mulch im Gemüsebeet ist Rasenschnitt ideal, da er weich und fein ist und sich gut verteilen lässt.
3. Ebenso gut sind feiner Rindenmulch oder Kompost geeignet, vor allem bei Kulturen, die über längere Zeit im Beet wachsen.
4. Ab und zu den Mulch wenden kann nie schaden. So können Sie besser kontrollieren, ob sich Schnecken darunter verstecken.

Unkraut? Das kann raus!

ECHTE ZAUNWINDE
Calystegia sepium

Merkmale: Meterlange Ranken mit herzförmig eingebuchteten Blättern und weißen Trichterblüten. Die Triebe haben einen weißen Milchsaft.

1. Ein Wurzelunkraut, das schon eine ganze Menge Gärtnergenerationen zur Verzweiflung gebracht hat. Ausreißen und Hacken bringt nichts, denn die unterirdischen Wurzeln reichen mehrere Meter tief in den Boden – und haben eine Art Sollbruchstelle an der Triebbasis. Man kann sie also nicht einfach ausreißen.
2. Zaunwinden lieben nährstoffreiche Erde und finden so im Gemüsegarten optimale Wachstumsbedingungen. Man kann nur versuchen, sie durch regelmäßiges Entfernen der Triebe auszuhungern und so das Wachstum etwas zu bremsen.

HÜHNERHIRSE
Echinochloa crus-galli

Merkmale: Einjähriges Gras mit flach liegenden und dann senkrechten, verzweigten Stängeln.

1. Noch so ein Samenunkraut, das am besten vor der Ausbildung von Samen durch Hacken im Zaum gehalten wird. Die Samen keimen erst ab einer Bodentemperatur von ca. 20 °C, daher rechtzeitig ab April nach den hellgrünen Sprossen Ausschau halten.
2. Die jungen, noch zarten Sprossen können gedünstet als Gemüse gegessen werden. Unkraut aufessen – auch eine Möglichkeit, lästigen und unerwünschten Beikräutern Herr zu werden!

HACKEN & JÄTEN
Mechanisch ist am besten

Sie brauchen: Hacke zum Ziehen (Schuffel), Grubber, Handhacke

1. Herbizide, also chemische Pflanzenvernichtungsmittel, sind im Garten tabu, schließlich soll das selbst geerntete Gemüse ja »BIO« sein.
2. Nie nachlässig werden. Kleine, gerade erst keimende Unkräuter lassen sich viel einfacher entfernen als große, tief verwurzelte Exemplare.
3. Am besten bei warmem, sonnigem Wetter hacken, dann welken und vertrocknen die gehackten Pflanzen schnell. Bleiben sie im Beet oder werden sie wieder von Erde bedeckt, wachsen viele nach dem Gießen oder nach einem Regenschauer einfach weiter.
4. Beikräuter lassen sich zu nährstoffreichen Pflanzenjauchen vergären. Auf diese Weise kann man sicher sein, dass keine lebenden Unkrautanteile wieder ins Beet gelangen.

FRÜHLING

Süße Früchtchen: Erdbeeren

Erdbeeren sind das perfekte Naschobst: Sie wachsen schnell, und man kann nie genug von ihnen haben. Sie schmecken frisch, im Kuchen oder eingekocht als Marmelade oder Kompott.

Pro Quadratmeter werden nur 6 Jungpflanzen ins Beet gesetzt. Das klingt nach wenig, die Erdbeeren wachsen aber schnell in die Breite und nehmen den Platz ein.

Garten-Erdbeeren stammen aus der Kreuzung von Chile-Erdbeeren mit der nordamerikanischen Scharlach-Erdbeere. Die großen Früchte sind süß, und die Pflanzen bilden lange Ausläufer, an denen neue Tochterpflanzen entstehen. Gute Garten-Erdbeeren sind 'Lambada', 'Wädenswil 6' (früh); 'Mieze Nova', 'Senga Sengana Selektion', 'Korona', 'Hummi Praline', 'Hummi Aroma Auslese', (mittelfrüh); 'Pegasus' (spät); mehrmals tragende Sorten sind 'Rimona', 'Mara de Bois', 'Merosa' und 'Mountainstar'.

Es gibt aber noch weitere Erdbeeren, die im Selbstversorgergarten nicht fehlen dürfen:
Wald-Erdbeeren haben kleine, aromatische Früchte, die am besten frisch gegessen oder als Marmelade und Kompott verarbeitet werden. Da sie viele Ausläufer bilden, sind sie die perfekten Bodendecker und können unter Beerensträuchern verwildern.
Monats-Erdbeeren sind eine Form der Wald-Erdbeere, die keine Ausläufer bildet und größere, aromatische Früchte trägt. Die Erntezeit beginnt im Juni und reicht bis in den November hinein, ist also wesentlich länger als bei normalen Wald-Erdbeeren.

Erdbeeren haben viele Liebhaber. Eine Abdeckung mit Netzen schützt sie vor Vögeln.

Anbau & Pflege

Wer Erdbeeren ernten möchte, muss diese spätestens im September des Vorjahres gepflanzt haben, denn die Blütenanlagen werden im Herbst gebildet. Kommen die Setzlinge später ins Beet, können sie sich nicht fest genug einwurzeln und erfrieren im Winter sehr schnell. Getopfte Jungpflanzen von mehrmals tragenden Sorten lassen sich auch noch im April setzen. Für Selbstversorger ist es ratsam, viele verschiedene Sorten zu pflanzen, denn so kann über einen langen Zeitraum geerntet werden. Die Erdbeersaison beginnt im Frühsommer ab Juni und dauert dann bis zum ersten Frost. Der

Clever gemacht

ABLEGER:

Garten-Erdbeeren können ganz einfach im Sommer über Ausläufer vermehrt werden. Dazu brauchen Sie nur ein paar Töpfe, u-förmig gebogene Drahtkrampen und Anzuchterde.

* Die Tochterpflanzen mit den Ausläufern werden in kleine, mit Anzuchterde gefüllte Gefäße gesetzt und mit einer Drahtkrampe fixiert, damit sie nicht wackeln.
* Nach kurzer Zeit bilden sich Wurzeln. Wenn die Erdbeerpflänzchen sichtbar weiterwachsen, können Sie die Verbindung zur Mutterpflanze mit einer Schere kappen.
* Die Setzlinge werden im August ins Beet gepflanzt, damit Sie im kommenden Jahr wieder reichlich ernten können.

Boden sollte humusreich und feucht sein, Trockenheit mögen Erdbeeren nicht. Ideale Beetpartner sind Knoblauch und Borretsch. Beim Kauf der Jungpflanzen ist darauf zu achten, dass diese eine dicke, feste Herzknospe und mindestens 3 gesunde Blätter haben. Beim Pflanzen darf das Herz nicht unter die Erdoberfläche gesetzt werden, da die Erdbeeren sonst verfaulen. In die Lücken zwischen den Erdbeeren können Sie Schnittsalat, Feldsalat oder Spinat aussäen, um den Platz im Beet optimal zu nutzen. Auch wenn Erdbeeren mehrjährig sind, sollten die Beete nach etwa 3 Jahren geräumt werden. Von den kräftigsten Exemplaren zieht man sich im Jahr davor Ableger (→ Info oben).

Fast alle Erdbeersorten sind selbstfruchtbar, der Fruchtansatz ist aber bei allen besser und die Früchte werden größer, wenn Sie mehrere Sorten anbauen, die sich gegenseitig befruchten. Außerdem lohnt es, die Pflanzen mit einem Netz gegen Vögel zu überspannen. Eine Schicht aus Stroh verhindert, dass die Erdbeeren direkt auf der feuchten Erde liegen und von Grauschimmel oder Fäulnis befallen werden.
Einmal tragende Erdbeeren bekommen direkt nach der Ernte, mehrmals tragende Erdbeeren Anfang Juli und ein zweites Mal im September eine Portion Beerendünger oder Kompost. Pro Quadratmeter kann man mit einem Ertrag von 1–2 kg rechnen.

FRÜHLING

Es summt und summt: Bienen

Bienen halten ist in – nicht nur auf dem Land, sondern auch in der Stadt. Gerade dort bieten die Gärten und Balkone den emsigen Insekten Nahrung, den sie in leckeren Honig verwandeln.

Das Gärtnern ist Silvia Appels große Leidenschaft, und da dürfen ihrer Meinung nach Bienen nicht fehlen! Die studierte Medienmanagerin lebt ihren Traum und hat ihr grünes Hobby zum Beruf gemacht: das Bloggen über Garten, Balkon, Bienen und Natur. Neben ihrem Blog »Garten Fräulein« betreibt sie einen Onlineshop und hat bereits mehrere Bücher geschrieben, sie ist für Zeitschriften tätig und als Garten-Expertin bei Vorträgen und Veranstaltungen gefragt.

Auch das Garten Fräulein ist vor Stichen nicht sicher. Deshalb heißt es jedes Mal, wenn am Bienenstock gearbeitet wird: Schutzmontur und Haube auf!

Wie kommt denn das Garten Fräulein zur Imkerei und Bienenhaltung?

Silvia Appel: Als ich noch auf dem Land bei meinen Eltern gewohnt habe, hat unser Nachbar angefangen zu imkern. Die Bienenkästen standen auf dem angrenzenden Grundstück, und ich fand das sehr spannend. Noch dazu esse ich Honig für mein Leben gerne! So richtig fürs Imkern begann ich mich aber zu interessieren, als ich meinen ersten eigenen Garten gepachtet habe. Ein paar Jahre sind noch ins Land gezogen, bis ich mich ganz und gar für Bienen entschieden habe. Ein glücklicher Zufall war letztlich »schuld« daran. Der Imkerverein Würzburg hat der Urban Gardening Gruppe, in der ich aktiv bin, angeboten, beim Kurs »Imkern auf Probe« mitzumachen. Gesagt, getan, seitdem bin ich Imkerin!

Welche Blumen empfiehlst du für deine Bienen im Garten?

Silvia Appel: Wichtig ist, darauf zu achten, dass die Blüten nicht gefüllt sind, denn da gibt es kaum Nektar für die Bienen zu holen. Die Vielfalt macht's, sodass der Teller das ganze Jahr über reichlich gedeckt ist. Im Frühling Krokusse, Traubenhyazinthen, Narzissen. Im Sommer eine Bienenweide mit Ringelblumen, Phacelia und Stauden, dazu Kräuter wie Lavendel und Oregano. Im Herbst

Es summt und summt: Bienen

Ruhe und behutsames Arbeiten ist angesagt, wenn ich mich mit den Bienen beschäftige. Schließlich sollen sie so wenig wie möglich gestört werden.

Dicht an dicht bauen Bienen ihre Waben, in denen sie die Brut großziehen und leckeren Honig einlagern.

Eigener Honig ist eine feine Sache, und vom Ertrag meines Stockes kann ich mich, meine Familie und noch viele Freunde versorgen.

noch Fetthenne, Astern, Goldrute oder Sonnenhut. Ganz besonders beliebt ist das Afrikanische Basilikum, das vom Frühsommer bis zum Frost blüht.

Wie viel Honig kannst du denn jedes Jahr von deinen Bienen ernten?

Silvia Appel: Das ist unterschiedlich, denn jedes Jahr ist schließlich anders. Mal gibt es viel Honig, mal weniger. Aber in der Regel kommen so um die 20–30 kg pro Volk zusammen. Das ist reichlich zum Selberessen und Freundebeschenken. Im kommenden Bienenjahr möchte ich aber noch mindestens ein weiteres Volk aufstellen.

Gibt es rechtliche Vorschriften, die man bei der Haltung beachten muss?

Silvia Appel: Ja, die gibt es, aber dabei steht vor allem das Wohl der Bienen und Verbraucher im Vordergrund. Bienenstöcke aufzustellen bedarf keiner Genehmigung, aber die Nachbarn zu informieren ist schon ratsam. Außerdem muss man dem zuständigen Veterinäramt melden, wo die Bienenvölker stehen. Bricht eine Bienenkrankheit aus, kann so alles besser geregelt und überwacht werden. Will man den Honig verkaufen, gibt es eine Honigverordnung, an die man sich halten muss. Bricht ein Schwarm aus, greift das »Schwarmrecht«, und man darf ohne Genehmigung fremde Grundstücke betreten. Am besten sollte man sich hier vor dem Kauf eines Volkes gründlich einlesen.

SOMMER

SOMMER, SONNE, GUTE LAUNE. JETZT MACHT DER GARTEN **RICHTIG SPASS**. IM GEMÜSEGARTEN GRÜNT UND BLÜHT ES, DIE **ERSTEN BEEREN** KÖNNEN GEERNTET WERDEN, UND DIE KIRSCHENSAISON STEHT VOR DER TÜR. BEIM **GRILLEN** KOMMEN PAPRIKA UND ZUCCHINI **AUS EIGENANBAU** AUF DEN ROST, DAZU GIBT ES SELBST GEERNTETE TOMATEN UND **FRISCHE KRÄUTER** FÜR DEN SOMMERLICH-SPRITZIGEN FEIERABENDCOCKTAIL.

SOMMER

Tomaten, Paprika & Co.

Die sonnenhungrigen Früchtchen stehen nicht nur bei Selbstversorgern ganz oben auf der Gemüse-Hitliste. Und was nicht verbraucht wird, kommt als selbst gemachte Tomatensoße ins Einmachglas.

Tomaten, Paprika und Chili brauchen Wärme und vertragen keine Kälte. Darum werden sie im Frühling auf der Fensterbank vorgezogen, oder man kauft im Mai Jungpflanzen auf dem Markt, beim Gärtner oder im Fachhandel.

Tomaten

Die Vielfalt bei Tomaten ist beinahe unendlich – es gibt mehrere Tausend verschiedene Sorten in allen Farben, von Weiß über Grün, Gelb, Orange bis Rot und fast Schwarz. Manche haben gefleckte oder gestreifte Früchte, deren Größe von kaum weintraubengroß bis kindskopfgroß reicht. Die Fruchtform variiert von kugelig, oval, länglich, zugespitzt, birnenförmig bis gerippt oder wülstig. Stabtomaten wachsen mit einem langen Trieb und müssen an einer Stütze hochgeleitet werden. Buschtomaten verzweigen sich und wachsen strauchförmig. Achten Sie jedoch bei der Sortenwahl auch auf Resistenzen, z. B. gegen Kraut- und Braunfäulen. Etliche Neuzüchtungen wie 'Philovita F1', 'Dorenia' und 'Black Cherry' sind gegen diese Krankheiten resistent oder weniger anfällig.

Paprika schmeckt frisch geerntet und lässt sich wunderbar einmachen.

Ein Regenschutz verhindert, dass die Tomaten nass werden und Pilzkrankheiten bekommen.

Clever gemacht

AUSGEIZEN:

Bei Tomaten unterscheidet man Busch- und Stabtomaten. Buschtomaten verzweigen sich und tragen an allen Trieben Früchte. Stabtomaten setzen mehr Früchte an, wenn sie nur einen Mitteltrieb haben.

* In den Blattachseln am Haupttrieb erscheinen kleine Seitentriebe, die Blätter, aber wenige Blüten ansetzen.
* Damit die Tomatenpflanze keine wertvolle Energie in unnötige Blattmasse steckt, werden diese Seiten- oder »Geiztriebe« mit den Fingern oder den Fingernägeln ausgeknipst, der Profi bezeichnet das als »ausgeizen«.
* Am Haupttrieb sitzen die Blütentriebe, die Früchte ansetzen und nun die ganze Wachstumsenergie bekommen.

Zur Vorbeugung werden Tomaten daher am besten unter einem (lichtdurchlässigen) Regenschutz angebaut. Der Ertrag hängt von der Sorte ab: Kleinfrüchtige Trauben- oder Wildtomaten bringen nur 500–800 g pro Pflanze, große Fleisch- oder Eiertomaten durchaus mehrere Kilogramm.

Paprika, Peperoni & Chili

Gemüsepaprika und Spitzpaprika sind meist mild und haben blockige oder längliche Früchte (Schoten). In den letzten Jahren werden immer häufiger auch kleinfrüchtige Sorten, sogenannte Tomaten- oder Pflaumenpaprika angeboten, die sich besonders gut einmachen und konservieren lassen.

Die Schärfe von Chili oder Peperoni wird in Scoville-Grad angegeben: 0 = keine Schärfe, Peperoni haben 100–500, Jalapenos 500–8000 und reiner Cayenne-Pfeffer 30 000–50 000. Da Chilis viele Früchte ansetzen und diese ja nicht in großen Mengen benötigt werden, reichen 2–3 Pflanzen pro Person. Auch wenn Paprika und Chili nicht so kälteempfindlich wie Tomaten sind, sollten sie nicht vor Mitte Mai ausgepflanzt werden, denn sie reagieren bei Temperaturen unter 12 °C mit einem mehrwöchigen Wachstumsstopp, den sie oft nicht mehr aufholen. Zudem dürfen Paprika und Chili im Beet keine unmittelbaren Nachbarn sein, da sie sich sonst miteinander verkreuzen – das Ergebnis sind höllisch scharfe Gemüsepaprika!

Was für Früchtchen!

Tomate
Solanum lycopersicum

 ☼

Saattiefe: 0,5–1 cm | Pflanzabstand: 60 × 60 cm

Aussaat: Vorkultur ab Ende Februar; **Pflanzung:** ab Mitte bis Ende Mai, so tief, dass die untersten Blätter gerade über der Erde liegen; **Pflege:** Tomaten vertragen keinen Frost und brauchen viel Dünger; alle 2 Wochen mit Tomatendüngerlösung gießen; Seitentriebe ausgeizen; Ende September die Spitzentriebe kappen; **Kulturdauer:** ab Aussaat 10–11 Monate; **Beetpartner:** Basilikum, Sellerie, Ringelblumen, Tagetes.
Nährstoffbedarf: hoch.
Ertrag pro Pflanze: 1–5 kg.

Paprika
Capsicum annuum

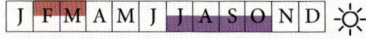 ☼

Saattiefe: 0,5–1 cm | Pflanzabstand: 50 × 50 cm

Aussaat: Vorkultur ab Mitte Februar; **Pflanzung:** ab Mitte Mai, dabei gleich einen Stützstab mit anbringen; **Pflege:** anfangs sparsamer, später häufiger gießen; alle 2–3 Wochen düngen, jedoch nicht zu viel Stickstoff, sonst bilden sich nur Blätter und keine Blüten; **Kulturdauer:** ab Aussaat 9–11 Monate; **Beetpartner:** Basilikum, Tomaten, Kohlrabi, Salat, Knoblauch, Kohl.
Sorten: 'Neusiedler Ideal', 'Ferenc Tender', 'Pantos', 'Sweet Dreams'.
Nährstoffbedarf: mittel bis hoch.
Ertrag pro Pflanze: 1–2 kg.

Zucchini
Cucurbita pepo subsp. *pepo* convar. *giromontiina*

 ☼

Saattiefe: 2 cm | Pflanzabstand: 70 × 100 cm

Aussaat: Vorkultur April; **Pflanzung:** ab Mai bis Anfang Juni, bei der Pflanzung eine Handvoll Kompost und einen Teelöffel Hornspäne als Startdüngung geben; **Pflege:** regelmäßig gießen und alle 4 Wochen düngen, bei Trockenheit fallen junge Früchte ab; **Kulturdauer:** ab Aussaat 4–5 Monate; **Beetpartner:** Stangenbohnen.
Sorten: 'Cocozelle di Tripolis', 'Rheingold', 'Tondo Chiara di Nizza'.
Nährstoffbedarf: hoch.
Ertrag pro Pflanze: 10–20 Früchte.

■ = Voranzucht und Aussaat ■ = Erntezeit ☼ Sonne ◐ Halbschatten ● Schatten

Erbse
Pisum sativum

| J | F | M | A | M | J | J | A | S | O | N | D | ☼ |

Saattiefe: 3–5 cm | Reihenabstand: 30–40 cm

Aussaat: Vorkultur ab März, Direktsaat ab April bis Juni alle 3–4 Wochen in Sätzen; **Pflanzung:** ab April; **Pflege:** bei Aussaat oder Pflanzung Reisig zwischen die Reihen stecken als Rankhilfe, regelmäßig durchpflücken, das fördert die neuen Blüten; **Kulturdauer:** ab Aussaat 3–4 Monate; **Beetpartner:** Kohlrabi, Salat, Rettich, Radieschen, Fenchel, Möhre, Pastinake. **Sorten:** Zuckerschoten: 'Ambrosia', 'Norli'; Markerbsen: 'Primaso', 'Blauschocker'; Palerbsen: 'Kleine Rheinländerin'. **Nährstoffbedarf:** niedrig. **Ertrag pro Quadratmeter:** 0,5–1,5 kg.

Buschbohne
Phaseolus vulgaris var. *nanus*

| J | F | M | A | M | J | J | A | S | O | N | D | ☼ |

Saattiefe: 2–3 cm | Reihenabstand: 40 cm

Aussaat: Vorkultur ab April, Direktsaat ab Mai bis Juli in Sätzen; **Pflanzung:** ab Mitte Mai; **Pflege:** regelmäßig jäten; anhäufeln für die Standfestigkeit; alle paar Tage durchpflücken, damit immer neue Früchte angesetzt werden; **Kulturdauer:** ab Aussaat 3–4 Monate; **Beetpartner:** Salat, Erdbeeren, Kohl, Mangold, Radieschen, Rote Bete. **Sorten:** 'Fructidor' (gelb), 'Flambo' (rosa-gefleckte Borlotti-Bohne), 'Valentino' (grün), 'Blauhilde' (violettblau). **Nährstoffbedarf:** niedrig. **Ertrag pro Quadratmeter:** 0,6–1,5 kg.

Stangenbohne
Phaseolus vulgaris var. *vulgaris*

| J | F | M | A | M | J | J | A | S | O | N | D | ☼ |

Saattiefe: 3 cm | 8–12 Samen pro Stange

Aussaat: Vorkultur ab Ende April, Direktsaat ab Ende Mai; **Pflanzung:** Ende Mai, Stangenbohnen brauchen mehr Wärme als Buschbohnen; **Pflege:** Triebe an den Stangen im Uhrzeigersinn aufleiten; nach der ersten Ernte mit einem Volldünger düngen; **Kulturdauer:** ab Aussaat 6–7 Monate; **Beetpartner:** Zucchini, Zuckermais, Kapuzinerkresse. **Sorten:** 'Scarlet Emperor', 'Berner Landfrauen', 'Rotblühende', 'Blauhilde', 'Goldfield'. **Nährstoffbedarf:** mittel. **Ertrag pro Stange:** 1,5–3 kg.

 SOMMER

Fitnesskur für gesundes Wachstum

Jauchen, Tees und Brühen – die Natur bietet zahlreiche Hilfsmittel, um Pflanzenschädlinge und -krankheiten in Schach zu halten. Und zwar auf die sanfte Tour, ganz ohne chemische Keule!

Info

Nicht alles, was aus der Natur stammt, ist auch »bio« und ungefährlich. Pyrethrum aus Chrysanthemen ist tödlich für Bienen, genau wie Nikotin-Auszüge aus Tabak. Im Bio-Selbstversorgergarten sind solche »Hausmittel« absolut tabu!

Viele Pflanzen enthalten wertvolle Inhaltsstoffe, die ich als Dünger im Garten oder zur Stärkung gegen Pflanzenkrankheiten und -schädlinge einsetze. Dabei unterscheidet man Jauchen, Tees und Brühen.

* **Jauchen** werden durch Vergären von frischem oder trockenem Pflanzenmaterial hergestellt. Verwendet man trockene Pflanzen, braucht man nur ein Zehntel der Menge im Vergleich zu frischen. Eine genaue Anleitung habe ich auf der nächsten Doppelseite zusammengestellt. Pflanzenjauchen sind gehaltvolle, schnell wirkende Stickstoffdünger, die zusätzlich weitere Pflanzennährstoffe und Spurenelemente liefern. Sie werden wie Flüssigdünger verwendet und dazu im Verhältnis 1:10 verdünnt.

* **Brühen** sind Auszüge aus Pflanzenmaterial, das 1 Tag (ca. 24 Stunden) in kaltem Wasser eingeweicht und anschließend eine halbe Stunde aufgekocht wurde, damit sich die Inhaltsstoffe noch besser lösen. Nach dem Abkühlen wird die Brühe abgeseiht und, im Verhältnis 1:5 bis 1:10 verdünnt, auf die Pflanzen gesprüht. Die Verdünnung hängt von der Pflanzenart ab. Brühen werden meist vorbeugend gegen Pflanzenkrankheiten und verschiedene Schädlinge, aber auch zur Blattdüngung eingesetzt.

* **Tees** sind Heißwasserauszüge, bei denen man das zerkleinerte Pflanzenmaterial mit kochendem Wasser übergießt und dann eine Weile ziehen lässt. Wie Brühen werden auch Tees stärker verdünnt und mit einer Blumenspritze oder Sprühkanne direkt auf die Blätter und Triebe gespritzt – zur Stärkung. Weiterhin können Sie Tees zur Bodenverbesserung verwenden oder auf den Kompost gießen.

Für eine Brennnesseljauche eignen sich junge Blätter und Triebspitzen am besten.

* **Kaltwasserauszüge** gewinnt man, indem frisches oder getrocknetes Pflanzenmaterial 24 Stunden bis maximal 3 Tage in Wasser eingeweicht, dann abgesiebt und ausgedrückt wird. Im Gegensatz zu Jauchen darf der Auszug nicht gären. Kaltwasserauszüge werden unverdünnt oder mit derselben Menge Wasser versetzt als Kompostzusatz oder zur Schädlingsbekämpfung eingesetzt.

Erste-Hilfe-Pflanzen

Ackerschachtelhalm enthält Mineralstoffe, Spurenelemente und viel Kieselsäure. Als Brühe (1:5 verdünnt) vorbeugend gegen Pilzkrankheiten spritzen.
Brennnesseln sind reich an Stickstoff, Eisen, Spurenelementen und Phosphor. Frisch als Mulch oder vergoren als Jauche verwenden zur Schädlingsabwehr, Düngung, Bodenverbesserung und als Kompostzusatz.
Beinwell liefert Stickstoff, Mineralstoffe und Spurenelemente. Als Jauche zur Pflanzenstärkung, als Düngemittel und Kompostzugabe und zur Förderung der Knollen- und Fruchtbildung bei Kartoffeln und Tomaten.
Pfefferminze enthält ätherische Öle, die wachstumshemmend auf Pilze wirken.
Rainfarn vertreibt als Brühe (300 g auf 10 l) Schädlinge und Ameisen und beugt vielen Pilzkrankheiten vor.
Schafgarbe als Zugabe zu Kräuterbrühen hemmt das Wachstum von Pilzen.
Zwiebeln und Knoblauch wirken durch ihre schwefelhaltigen ätherischen Öle desinfizierend und keimhemmend. Zwiebeln werden als Jauche, Knoblauch als Tee gegen Bakterien- und Pilzkrankheiten eingesetzt.

Beinwell ist ein guter Kalium-Lieferant und macht sich mit seinen lila Blüten auch als Schmuckstaude gut im Beet.

Ackerschachtelhalm enthält viel Kieselsäure, die die Zellwände von Gemüse stärkt.

 SOMMER

Schritt für Schritt: Brennnesseljauche

Wie wäre es mit einer Portion Flüssigdünger oder einem Stärkungsmittel, gebraut aus den Pflanzen in Ihrem eigenen Garten? So manches Unkraut entpuppt sich dabei als wahres Kraftpaket!

DAS BRAUCHT'S ZUR HERSTELLUNG VON BRENNNESSELJAUCHE

 Gartenschere
 Brennnesseln
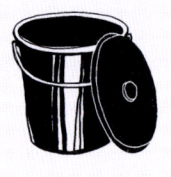 Eimer mit Deckel
 Sieb
 Messbecher

① Als Erstes werden Blätter und Stängel der gewünschten Pflanzen gesammelt. Bei Brennnesseln oder Pflanzen mit behaarten Blättern unbedingt Handschuhe tragen!

Eine Brennnesseljauche hilft gegen Stickstoff- und Eisenmangel – allerdings nur bei Pflanzen, daher bitte nicht selbst trinken. Natürlich könnte man das Pflanzenmaterial auch häckseln und als Mulch oder kompostiert als Dünger verwenden. Beim Vergären werden aber alle Nährstoffe und Inhaltsstoffe gelöst und sind dann – wie ein Flüssigdünger – direkt für die damit gegossenen Pflanzen verfügbar. Eine ideale Soforthilfe also, mit garantiertem Wachstumsschub. Eine weitere Pflanze, die sich vergären und zur Jauche verarbeiten lässt, ist der Beinwell, der viel Kalium enthält – ideal für Tomaten und Kohl, die ja bekanntlich ganz schöne Starkzehrer mit Düngerappetit sind. Dem heimischen Löwenzahn wird nachgesagt, dass eine Jauche aus seinen Blättern das Aroma von Beerenobst fördert. Dazu 2 kg frisches Pflanzenmaterial mit 10 l Wasser vergären und an die Sträucher gießen.

Dann die Pflanzenteile in kleine Stücke zerschneiden, so vergären sie besser, und die Inhaltsstoffe können sich leichter lösen. Mit einer scharfen Gartenschere ist das ruckzuck gemacht.

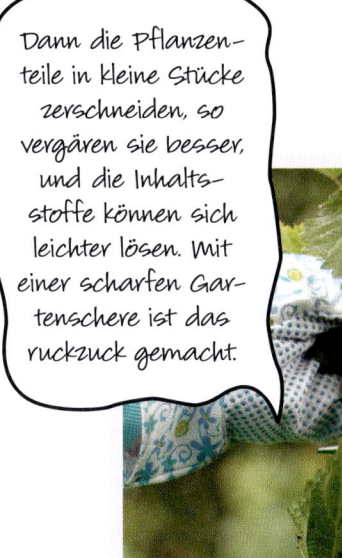

Blätter und Triebe werden nun mit kaltem Regenwasser bedeckt. Auf 1 kg frisches oder 150 g trockenes Pflanzenmaterial kommen ca. 10 l Wasser. Jauchen stinken beim Vergären ganz schön heftig. Abhilfe schaffen etwas Algenkalk oder eine Handvoll Gesteinsmehl zur Geruchsbindung.

Die nächsten 2-3 Wochen alle 2 Tage umrühren, bis nichts mehr schäumt. Dann ist die Jauche fertig vergoren und kann durch ein Kunststoffsieb oder grobes Tuch abgeseiht werden. Der Rest kommt auf den Kompost.

Jetzt müssen Sie die Jauche nur noch verdünnen, bevor Sie diese an die Pflanzen gießen. Auf 1 l Jauche kommen 9 l Gießwasser.

Kannenschleppen oder Schlauchziehen?

Sommer, Sonne, Trockenheit – was den einen freut, bedeutet für Gemüsegärtner: gießen, gießen und nochmals gießen. Denn ohne zusätzliche Bewässerung bleiben die Erträge bescheiden.

> Hacken lockert den Boden und verhindert, dass Feuchtigkeit durch den Kapillareffekt aus dem Boden aufsteigt und an der Oberfläche verdunstet. Vor allem nach Starkregen lohnt es sich, die Krusten aufzulockern.

Ohne Wasser macht Salat schnell schlapp bei Hitze und denkt sich: »Da schieße ich doch ins Kraut und blühe gleich.« Nix mit knackigen Köpfen. Auch Obstbäume ziehen die Notbremse, wenn der Boden zu wenig Feuchtigkeit enthält. Sie werfen dann die Früchte einfach ab. Deshalb ist die Wasserzufuhr im Selbstversorgergarten ganz besonders wichtig. Doch woher nehmen? Am besten eignet sich Regenwasser zum Gießen. Es enthält keinen Kalk und ist zum Nulltarif erhältlich. Auffangen lässt es sich in einer Regentonne, die das Wasser vom Haus, vom Gartenschuppen oder dem Wintergarten sammelt. Soll diese sich nicht in eine Mückenbrutstätte verwandeln, ist eine Abdeckung nötig. Wenn sich doch ein paar der zuckenden Larven zeigen, helfen einige Tropfen Bio-Spülmittel. Dadurch wird die Oberflächenspannung des Wassers aufgelöst, und die Mückenlarven können nicht mehr zum Atmen an die Oberfläche aufsteigen. Tod durch Ertrinken, aber das Mitleid hält sich dann doch in Grenzen.

Damit das Wasser aus der Tonne in die Gießkanne kommt, ist ein Auslass knapp über dem Boden sinnvoll. Schmutz und Schlamm bleiben so in der Tonne. Wenn die Regentonne erhöht steht, lässt sich zudem ein Gartenschlauch anschließen.

Viel hilft viel

Gemüse will erzogen werden, auch zum Wassersparen. Daher ist es besser, selbst bei Hitze nur alle 2–3 Tage zu gießen, dann aber richtig, sodass das Wasser mindestens 20–30 cm tief einsickert. Mit einer kleinen Handschaufel kann man das leicht kontrollieren und entwickelt mit der Zeit ein Gefühl für die benötigte Menge. Denn jeder Boden ist anders: Durchlässiger Sandboden braucht mehr als wasserspeichernder Lehm.

Kanne bei Fuß heißt die Devise: Gemüse braucht im Sommer viel Wasser, nicht nur im Hochbeet.

Clever gemacht

GIESSHILFE (NICHT NUR) FÜR TOMATEN:

Tomaten, Auberginen, Gurken und andere große Gemüse brauchen viel Wasser und müssen im Sommer oft täglich gegossen werden. Mit dieser Gießhilfe geht das noch schneller.

* Eine leere 1,5-l-Wasserflasche aus Plastik wird mit einem heißen Draht (über einer Kerze erhitzen) im oberen Bereich durchlöchert. Auch der Deckel bekommt ein paar Löcher.
* Mit einer Schere oder einem Teppichmesser (Cutter) den Boden herausschneiden und die Flasche kopfüber im Beet eingraben.
* Jetzt kann das Wasser in den Trichter gegossen werden und versickert langsam im Wurzelbereich, ohne dass es danebenläuft.

Durch diesen Trick werden die Pflanzen dazu animiert, mit ihren Wurzeln in tiefere Bodenschichten zu wachsen. Wenn Sie dagegen nur oberflächlich gießen, bleiben die Wurzeln dicht unter der Erdoberfläche – bei Trockenheit oder wenn Sie mal übers Wochenende nicht da sind, verdorren die Gemüse dann im Nullkommanix.

Kanne oder Schlauch?

Ab einer Beetfläche von 20–30 Quadratmetern wird das Kannenschleppen ganz schön lästig, denn wenn jede der 10 Tomaten 10 l Wasser braucht, dann sind das summa summarum 100 l oder 10 Kannen. Als Faustregel gilt: Zweimal pro Woche 1–2 Kannen pro Quadratmeter. Einfacher geht es mit einem Schlauch oder einer Kombi aus Schlauch und Kannen. Die Kannen werden an den Zwischenwegen im Beet gefüllt, dann sind die Laufwege zum Gießen kürzer. Praktischerweise besteht dann auch keine Gefahr, dass man den Schlauch durchs Beet zieht und so die frisch gepflanzten oder gesäten Pflänzchen umjätet. Gießkannen aus Kunststoff sollten Sie besser nicht in der Sonne stehen lassen. Die UV-Strahlung macht das Material spröde, sie splittern und reißen dann schnell. Auch wenn sie etwas schwerer sind – Kannen aus Metall halten viel länger, und sehen meistens noch viel schöner aus.

 SOMMER

Kräuter, Kräuter, Kräuter

Ob frisch aus dem Beet und direkt in der Küche verwendet oder auf Vorrat getrocknet, eingesalzen bzw. eingefroren: Kräuter dürfen auch im Selbstversorgergarten keinesfalls fehlen!

Für das Konservieren gilt: Hartblättrige Kräuter wie Thymian, Oregano und Rosmarin trocknen, weichblättrige wie Petersilie, Schnittlauch und Basilikum einfrieren. So bleibt das Aroma optimal erhalten.

Kräuter gehören in jeden Garten und natürlich auch in den Selbstversorgergarten. Schnell wachsende Einjährige wie Kerbel und Kresse sind ideale Lückenfüller, die zwischen anderen Gemüsen wie Salat oder Kohl ausgesät, herangezogen und geerntet werden können. Mehrjährige Kräuter bekommen ein eigenes kleines Beet.

Die Kräuterspirale bietet viele Lebensbereiche auf kleinstem Raum.

Wer passt zu wem?

Kräuter mit ähnlichen Ansprüchen bezüglich Licht-, Wasser- und Nährstoffbedarf passen am besten zusammen. Küchenkräuter wie Schnittlauch, Petersilie, Kerbel, Liebstöckel und Schnittsellerie vertragen sich auch mit den meisten Gemüsearten gut. Mediterrane Kräuter verlieren ihr Aroma, wenn sie zu viel Wasser und Dünger bekommen, daher pflanzt man sie besser in ein separates, sonniges Beet oder in Töpfe mit Dachgartensubstrat oder spezieller Kräutererde. Wenn Sie die duften Typen kombinieren möchten, ist eine Kräuterspirale ideal. Sie bietet in den oberen Bereichen sonnige, trockene Stellen, je weiter man nach unten gelangt, umso feuchter wird die Erde. Säen oder pflanzen Sie die Kräuter in Reihen oder kleinen Quadraten, dann ergeben sich allein schon durch die unterschiedlichen Blattfarben und -formen schöne Muster.

Ertrag

Der Bedarf pro Person ist bei Kräutern nicht ganz einfach zu berechnen, da jeder seine Vorlieben hat. Im Zweifel lieber zu viel säen oder pflanzen und Überschüsse konservieren: durch trocknen, einfrieren oder in Salz einlegen. Was man im Winter nicht verbraucht, einfach an Freunde verschenken!

Clever gemacht

TOPFKRÄUTER VERMEHREN:

Ausdauernde, mehrjährige Kräuter mit verholzenden Trieben, dazu zählen Rosmarin, Salbei, Thymian, Berg-Bohnenkraut und Lavendel, lassen sich im Frühsommer leicht durch Stecklinge vermehren. Mehrjährige Kräuter, die einen Wurzelstock haben wie Liebstöckel, Minze oder Oregano, werden durch Teilung vermehrt.

1. Stecklinge

Als Stecklinge eignen sich die neuen Triebe, die schon leicht verholzt, aber noch grün sind. Diese vorsichtig abschneiden und die Blätter im unteren Teil entfernen. Dann werden die Triebe in ein Gemisch aus Aussaaterde und Sand gesteckt und mit einer Ballbrause oder einer kleinen Gießkanne vorsichtig angegossen. Bis sich die ersten Wurzeln gebildet haben, ist es sinnvoll, die Töpfe mit Klarsichtfolie oder durchsichtigen Plastikbeuteln in »Mini-Gewächshäuser« zu verwandeln. In der hohen Luftfeuchtigkeit bilden sich schneller Wurzeln, und die Pflänzchen welken nicht so rasch.

2. Aus eins mach zwei oder drei oder …

Kräuter mit einem dichten Wurzelstock lassen sich ganz einfach teilen. Kräuter in Pflanzgefäßen werden ausgetopft und vorsichtig auseinandergezogen. Sind die Wurzeln sehr verfilzt, helfe ich mit einem Gartenmesser oder einer Gartenschere nach. Im Beet gewachsene Kräuter teilt man mit dem Spaten oder einer kleinen Handschaufel. Die neuen Teilstücke können dann umgetopft oder an einer anderen Stelle im Garten eingepflanzt werden. Sie wachsen schneller an, wenn man sie etwas zurückschneidet. Topfkräuter anfangs schattiger stellen, jene im Beet mit Vlies schattieren.

 SOMMER

Kräuter: Aromatherapie inklusive

Petersilie
Petroselinum crispum

Saattiefe: 2–3 cm | Reihenabstand: 20–30 cm

Aussaat: Direktsaat ab März, wenn der Boden nicht mehr kalt und nass ist; Petersilie keimt langsam und unregelmäßig, oft erst nach 3 Wochen; **Pflanzung:** ab März; **Pflege:** nicht austrocknen lassen; **Kulturdauer:** ab Aussaat 8–9 Monate, blüht im 2. Jahr; **Beetpartner:** Radieschen, Tomaten, Zichoriensalate.
Sorten: krause Sorten: 'Grüne Perle 2', 'Mooskrause 2'; glattblättrige Sorten: 'Einfache Schnitt 3', 'Gigante d' Italia'.
Nährstoffbedarf: mittel.
Bedarf pro Person: 2 Reihen à 1 m.

Schnittlauch
Allium schoenoprasum

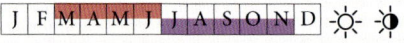

Saattiefe: 2 cm | Pflanzabstand: 30 × 30 cm

Aussaat: Direktsaat ab Februar/März möglich, aber besser erst vorgezogene Pflanzen setzen; **Pflanzung:** ab März bis Juni; später gepflanzte Töpfe blühen vorzeitig; **Pflege:** feucht halten; Boden sollte leicht kalkhaltig sein; im Herbst nach der Blüte, wenn das Laub vergilbt und einzieht, teilen und so vermehren;
Kulturdauer: mehrjährig; **Beetpartner:** Dill, Petersilie, Möhren, Erdbeeren.
Sorten: 'Schmitt', 'Gonzales', 'Elbe'.
Nährstoffbedarf: mittel.
Bedarf pro Person: 1 Reihe à 1 m.

Basilikum
Ocimum basilicum

Saattiefe: 0,5 cm | Pflanzabstand: 25 × 30 cm

Aussaat: Vorkultur ab März, warm und hell stellen, Samen nicht bedecken;
Pflanzung: ab Mai; **Pflege:** nicht austrocknen lassen; regelmäßig beernten; die Blätter werden bitter, wenn die Blüten erscheinen; **Kulturdauer:** ab Aussaat 2–16 Wochen; **Beetpartner:** Tomaten, Petersilie, Bohnenkraut, Minze.
Sorten: grün, großblättrig: 'Genoveser', 'Großes Grünes'; kleinblättrig: 'Piccolino'; rot: 'Dark Opal'; Zitronen-Basilikum 'Lime'; Thai-Basilikum 'Thai'.
Nährstoffbedarf: mittel.
Bedarf pro Person: 1 Reihe à 1 m.

■ = Voranzucht und Aussaat   ■ = Erntezeit   ☼ Sonne   ☼ Halbschatten   ● Schatten

Thymian
Thymus vulgaris

Saattiefe: 0 cm | Pflanzabstand: 30–40 cm

Aussaat: Vorkultur ab März, Direktsaat ab April bis August; **Pflanzung:** ab April; **Pflege:** nicht zu feucht halten; bevorzugt kalkhaltigen und durchlässigen Boden, volle Sonne; im Spätherbst Wurzelbereich mit Laub abdecken, in kalten Regionen die ganze Pflanze in Vlies einpacken; **Kulturdauer:** mehrjährig; **Beetpartner:** Kohl, Radieschen, Tomaten.
Sorten: 'Compactus'; Kümmel-Thymian 'Herba-Barona'; Zitronen-Thymian (*Thymus × citriodorus*).
Nährstoffbedarf: niedrig.
Bedarf pro Person: 3–5 Pflanzen.

Rosmarin
Rosmarinus officinalis

Pflanzabstand: 40–50 cm

Pflanzung: ab März; **Pflege:** braucht durchlässige Erde und volle Sonne; nur im April/Mai düngen, sonst bleiben die Triebe weich und sind frostanfällig; im Spätherbst Wurzeln mit Laub schützen und die ganze Pflanze in Vlies einpacken; nicht überall winterhart, dann besser jedes Jahr neue Pflanzen setzen; **Kulturdauer:** mehrjährig; **Beetpartner:** Salbei, Lavendel, Berg-Bohnenkraut, Ysop.
Sorten: besonders winterhart: 'Weihenstephan', 'Arp'.
Nährstoffbedarf: niedrig bis mittel.
Bedarf pro Person: 3 Pflanzen.

Oregano, Dost
Origanum vulgare

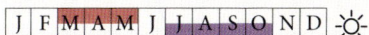

Saattiefe: 0 cm | Pflanzabstand: 30–50 cm

Aussaat: Vorkultur ab Ende März, aber langwierig; **Pflanzung:** ab April; **Pflege:** nicht zu viel düngen, das schadet dem Aroma; im Spätwinter und nach der Blüte auf 5 cm zurückschneiden; kann im Frühjahr über Absenker vermehrt werden, Triebe dazu umbiegen, mit einer Drahtkrampe auf dem Boden fixieren, bis sich Wurzeln bilden; **Kulturdauer:** mehrjährig; **Beetpartner:** alle mediterranen Kräuter.
Sorten: 'Compactum', 'Aromatico', Kretischer Oregano (*O. creticum*).
Nährstoffbedarf: niedrig.
Bedarf pro Person: 3 Pflanzen.

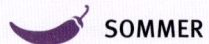 SOMMER

Oh Graus – Pilz und Laus!

BLATTLÄUSE
Kleine Pflanzensaftsauger

Kommen vor bei: Bohnen, Erbsen, Salat, Kohl und vielen anderen Gemüsen und Kräutern

1. Blattläuse sind grüne, schwarze oder gelbliche Insekten mit oder ohne Flügel. Sie stechen zarte Triebe an und saugen Pflanzensäfte. Das führt dazu, dass die Triebe oder Blätter verkrüppeln und sich nicht richtig entwickeln können.
2. Zur Bekämpfung Vögel in den Garten locken! Ansonsten hilft es, die Läuse einfach mit einem Wasserstrahl wegzuspritzen.

RAUPEN
Gefräßige Schmetterlingslarven

Kommen vor bei: allen Kohlarten, Basilikum und Obstbäumen

1. Die grünen, bräunlichen oder auch schwarz gemusterten Raupen verschiedener Schmetterlinge knabbern an Gemüse und an den Blättern von Obstbäumen und Beerensträuchern. Besonders die Larven des Kohlweißlings können ganze Kohlköpfe kahlfressen.
2. Zur Bekämpfung schon die kleinen gelben Eipakete zerdrücken. Vorbeugend: Tomate und Sellerie zwischen den Kohl vertreiben die Falter.

NETZE
Gegen Gemüsefliegen und Vögel

Sie brauchen: Kulturschutznetze gegen Gemüsefliegen (sehr fein) oder Schutznetze gegen Vögel (größere Maschenweite).

1. Die Wurzeln von Möhren, Pastinaken und Petersilie sowie von Lauch, Zwiebeln und Kohl werden von den Maden verschiedener Gemüsefliegen angefressen. Die Pflanzen mit feinmaschigen Kulturschutznetzen abdecken und mit stark riechenden Pflanzen wie Rainfarn mulchen.
2. Beerenfrüchte wie Johannisbeeren und Erdbeeren sind bei Vögeln überaus beliebt. Daher ist es sinnvoll, die Pflanzen mit Netzen abzudecken. Damit sich das Netz nicht am Pflock verhakt, einfach ein Einmachglas darüberstülpen.

MEHLTAUPILZE
Graue und weiße Beläge auf den Blättern

Kommen vor bei: Gurken, Zucchini, Erbsen, Salbei, Zwiebeln und vielen anderen Gemüsen

1. Bei warmem, trockenem Wetter bilden sich weißlich-graue Beläge auf den Blättern und Trieben, das ist der Echte Mehltau. Bei kühler, feuchter Witterung tritt der Falsche Mehltau auf, er zeigt sich durch dunkle Flecken auf der Blattunterseite.
2. Vorbeugend nicht zu dicht pflanzen, damit immer frische Luft durch die Gemüse ziehen kann. Nicht zu viel düngen, vor allem mit Stickstoff sparsam sein. Achten Sie darauf, widerstandsfähige oder robuste Sorten zu wählen.

KRAUT- UND BRAUNFÄULE
Braune Flecken und vertrocknete Blätter

Kommen vor bei: Tomaten und Kartoffeln

1. Tomaten, die von dieser Pilzkrankheit befallen sind, zeigen an den Trieben und Blättern dunkle Flecken. Später werden die Früchte hart und runzelig. Sie schmecken nicht mehr. Kartoffeln bekommen auf der Blattunterseite weißliche Beläge, die Blätter welken. Die Knollen weisen dunkle, eingesunkene Flecken auf und sind ungenießbar.
2. Auf resistente oder tolerante Sorten achten. Tomaten unter einem Regendach anbauen. Kartoffeln in Ost-West-Reihen pflanzen, damit der Wind die Blätter trocken hält. Zur Stärkung mit Brennnesseljauche spritzen.

BIO-SPRITZEN
Gesunde Pflanzen ohne Gift

Sie brauchen: Sprühkanne, Milch, Wasser, Ackerschachtelhalm, Backpulver

1. Mehltaupilze lassen sich einfach mit verschiedenen Hausmitteln in Schach halten – aber nur, wenn sich der Befall noch nicht allzu weit ausgebreitet hat oder sich gerade erst zeigt.
2. Für die Milchspritzbrühe wird Milch und Wasser im Verhältnis 1:9 (100 ml Milch auf 900 ml Wasser) vermischt und alle 4 Tage auf die Pflanzen gesprüht. Das beugt Echtem Mehltau vor.
3. Ackerschachtelhalm stärkt die Pflanzenzellen. Es gibt im Fachhandel spezielle Bio-Präparate, die vorbeugend eingesetzt werden können.
4. Backpulver (10 g auf 1 l Wasser) wirkt vorbeugend, hilft aber auch bei Befall mit Mehltau. Bei anfälligen Arten wie Zucchini und in heißen, trockenen Sommern vorbeugend alle 10–14 Tage abends auf die Pflanzen sprühen.

SOMMER

Beerenfrüchtchen

Im Vorbeigehen ein paar lecker Beeren naschen, oder doch lieber vornehm zurückhalten, damit genug zum Marmeladekochen zusammenkommen? Der Versuchung zu widerstehen ist nicht immer leicht.

Beerensträucher brauchen nicht viel Platz, und zahlreiche Arten gedeihen auch noch im Halbschatten oder vor Mauern, Hecken und Zäunen. Ideal für kleine Selbstversorgergärten. Für Einsteiger empfehle ich Klassiker wie Johannis- und Stachelbeeren, Brom- und Himbeeren und natürlich Erdbeeren (→ Seite 74). Wer dann noch mehrere Sorten kombiniert, kann sich viele Wochen über leckeres Naschobst freuen. In kleinen Gärten oder auf Balkon und Terrasse können die stacheligen bzw. dornigen Brom- und Stachelbeeren allerdings etwas lästig sein.

Hauptsache, gut erzogen

Johannis-, Stachel- und Heidelbeeren wachsen gut als Strauch, Him- und Brombeeren brauchen hingegen ein Spalier, an dem die langen Triebe oder Ruten angebunden werden können. Aber auch andere Beerensträucher lassen sich am Spalier ziehen. Dazu einfach im Abstand von 2–3 m etwa 2,5 m lange Pfosten in den Boden schlagen – sie sollten etwa 1,8–2 m hoch über die Erde ragen. Für Himbeeren reichen 2 Spanndrähte in einer Höhe von 80 und 160 cm, die wüchsigeren Brombeeren müssen stärker gebändigt werden und bekommen 4 Drähte in 60, 120, 160 und 200 cm Höhe. Wer wenig Platz hat, sollte auch Johannis- und Stachelbeeren am Spalier ziehen, da die Pflanzen dann rank und schlank bleiben.

Beerensträucher wie diese Roten Johannisbeeren haben auch in einem kleinen Garten Platz.

Pflege und Schnitt

Beerensträucher sind nicht besonders anspruchsvoll. Im Frühjahr reicht eine Gabe von reifem Kompost, vermischt mit ein paar

Schwarze Johannisbeeren haben ein ganz besonderes, herbes Aroma.

Beerensträucher sind pflegeleicht. Abgeerntete Himbeerruten einfach abschneiden.

Hornspänen, oder ein spezieller Beerendünger als Nährstoffvorrat. Nach dem Düngen immer gut wässern, also mindestens 10 l pro Pflanze, damit die Kraftnahrung gut in die Erde gespült wird. Eine Mulchschicht verhindert, dass der Boden austrocknet.
Bei Johannis- und Stachelbeersträuchern werden Triebe, die älter als 4–5 Jahre sind, im Spätwinter knapp über der Erde abgeschnitten, damit sich die Sträucher verjüngen. Sommerhimbeeren sollten Sie unmittelbar nach der Ernte, Herbsthimbeeren im Frühjahr bis auf den Boden zurückschneiden. Der Ertrag ist besser, wenn pro Meter 8–10 kräftige Ruten stehen bleiben.

Brombeeren fruchten an den zweijährigen Trieben, darum die abgeernteten Ruten im Herbst wegschneiden. Die jungen Triebe fürs nächste Jahr werden im Sommer am Spalier festgebunden. Hochstämmchen sind übrigens nichts für Selbstversorger. Sie vergreisen schnell und brauchen eine dauerhafte Unterstützung, damit sie nicht umkippen.

Ertrag

Der Ertrag bei Beerenobst hängt von der Größe der Pflanze, der Anzahl der Triebe und der Art ab. Pro Jahr und Pflanze kann man durchaus mit 2–10 kg und mehr rechnen.

> Johannis- und Stachelbeeren lassen sich im Herbst durch Steckhölzer vermehren: Einfach 15–20 cm lange Triebe so tief ins Beet stecken, dass die Spitze noch 2 cm herausragt. Sie bilden schnell Wurzeln und können im Frühsommer umgepflanzt werden.

SOMMER

Süße Früchtchen

Himbeere
Rubus idaeus

| J | F | M | A | M | J | J | A | S | O | N | D |

Pflanzabstand: 60 × 40 cm

Pflanzung: August bis Oktober, getopfte Pflanzen auch April bis Juni; **Standort:** humusreich, locker, tiefgründig, nicht zu nährstoffreich; **Pflege:** Sommerhimbeeren nach der Ernte komplett zurückschneiden; Herbsthimbeeren im März auf 5 cm über dem Boden einkürzen, im Sommer mit Kompost düngen, Triebe anbinden; **Nutzungsdauer:** 10–12 Jahre; **Sommerhimbeeren:** früh: 'Cumberland', 'Willamette'; mittelfrüh: 'Meeker'; spät: 'Schönemann'; **Herbsthimbeeren:** 'Himbo Top', 'Primeberry Autumn Best'.

Brombeere
Rubus fruticosus

| J | F | M | A | M | J | J | A | S | O | N | D |

Pflanzabstand: 2–4 m

Pflanzung: März bis Mai, Topfpflanzen bis September; **Standort:** lehmig, feucht, aber durchlässig; **Pflege:** Triebe im Sommer an ein Spalier oder Gerüst binden, abgeernteten Triebe bodennah abschneiden; im Herbst mulchen; frostempfindlicher als Himbeeren, vertragen Trockenheit besser; **Nutzungsdauer:** 10–15 Jahre; **Sorten:** stachellos: 'Loch Ness' (syn. 'Nessy'), 'Navaho'; stachelig: 'Theodor Reimers'; 'Direttissima Montblanc' wird im Frühjahr zurückgeschnitten und trägt an den diesjährigen Trieben.

Heidelbeere
Vaccinium corymbosum

| J | F | M | A | M | J | J | A | S | O | N | D |

Pflanzabstand: 1–1,50 m

Pflanzung: September; **Standort:** humusreich, verträgt keinen Kalk; **Pflege:** braucht einen sauren Boden, daher entweder in großen Kübeln (mind. 40–50 l Volumen) oder in einem speziellen Moorbeet pflanzen; der Ertrag ist höher, wenn mehrere Sorten gepflanzt werden; bei Trockenheit im Sommer täglich mit Regenwasser gießen; nach der Ernte alle 3–4-jährigen Triebe herausschneiden; **Nutzungsdauer:** 15–30 Jahre; **Sorten:** früh: 'Earlyblue', 'Patriot'; mittelfrüh: 'Bluecrop', 'Poppins'; spät: 'Elisabeth'.

■ = Pflanzung   ■ = Erntezeit   ☼ Sonne   ☼ Halbschatten   ● Schatten

Stachelbeere
Ribes uva-crispa

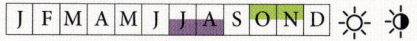

Pflanzabstand: 1–1,30 m

Pflanzung: Oktober bis Mitte November und März (vor dem Austrieb); **Standort:** kalkhaltiger Boden; warm und geschützt, aber nicht zu trocken; so wählen, dass die Sträucher keine pralle Mittagssonne bekommen, da die Beeren sonst verbrennen; **Pflege:** mindestens 2 Sorten pflanzen, dann ist der Ertrag höher; gegen Stachelbeermehltau robuste Sorten wählen; 1–3 Haupttriebe ziehen, überzählige Seitentriebe nach der Ernte auslichten; **Nutzungsdauer:** 10–15 Jahre; **Sorten:** 'Früheste Gelbe', 'Redeva', 'Easycrisp'.

Rote und Weiße Johannisbeere
Ribes rubrum

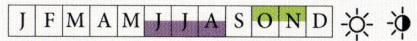

Pflanzabstand: 1,30–1,80 m

Pflanzung: Oktober bis Mitte November, nachdem die Pflanzen das Laub abgeworfen haben; **Standort:** Boden humusreich, leicht sauer und durchlässig, je sonniger der Platz, umso süßer und aromatischer sind die Beeren; **Pflege:** 3–5 Triebe ziehen, nach der Ernte alle 3–4-jährigen Triebe entfernen und an den noch tragenden die Seitentriebe einkürzen; **Nutzungsdauer:** 15–20 Jahre, Hochstämmchen maximal 8 Jahre; **Sorten:** Rote Johannisbeere: 'Jonkheer van Tets' (früh); 'Rolan' (mittel); 'Rovada' (spät); Weiße Johannisbeere: 'Blanka' (mittelfrüh); 'Weiße Versailler' (mittel).

Schwarze Johannisbeere
Ribes nigrum

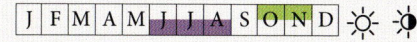

Pflanzabstand: 1,30–1,80 m

Pflanzung: Oktober bis Mitte November nach dem Laubfall; **Standort:** Boden humusreich, leicht sauer und durchlässig; sonnig, sonst sind die Beeren sauer; **Pflege:** 3–5 Triebe ziehen, nach der Ernte zur Verjüngung alle 3–4-jährigen Triebe entfernen und an den noch tragenden die Seitentriebe einkürzen; eine Mulchschicht ab Oktober schützt die Wurzeln vor Frost; **Nutzungsdauer:** 15–20 Jahre, Hochstämmchen höchstens 5–8 Jahre; **Sorten:** früh: 'Ceres'; mittel: 'Cheresneva', 'Lissil'; spät: Titania'.

SOMMER

Troubleshooting

WICKLER
Wurmige Übeltäter

Kommen vor bei: Äpfeln, Zwetschgen, Pflaumen, Birnen u. a.

1. Die Larven des unscheinbaren kleinen Falters fressen sich ungeniert durch die Früchte. Man erkennt den Befall am Bohrloch, aus dem hellbraune Kotkrümel herausquellen. Befallene Früchte fallen oft vorzeitig ab.
2. Zur Bekämpfung Wellpappe-Fanggürtel um die Stämme wickeln, in denen sich die Larven verpuppen. Regelmäßig kontrollieren. Befallene Früchte wegwerfen.

KALKEN UND LEIMEN
Gekalkte Rinde mit Leimring

Zum Kalken: Kalkanstrich, Pinsel zum Ausbringen • **Leimringe:** Frostspannerleimringe, Schnur zum Fixieren.

1. Im Herbst werden die Stämme von Obstbäumen mit einem weißen Kalkanstrich versehen. Das schützt zum einen die Rinde vor Schädlingen und Pilzbefall und verhindert zum anderen, dass sich der Stamm bei Sonneneinstrahlung zu stark erwärmt und die Rinde aufplatzt. So können sich keine Frostrisse bilden.
2. Bis Anfang Oktober werden außerdem Leimringe angebracht, welche die flugunfähigen Weibchen des Frostspanners daran hindern, im Frühjahr in die Baumkrone zu klettern und ihre Eier abzulegen.

MEHLTAU
Pilzbelag auf süßen Früchtchen

Kommen vor bei: Stachelbeeren und hier vor allem auf den Früchten; bei zahlreichen anderen Beerensträuchern und Obstarten sind eher die frischen Triebe wie auch Knospen und Blätter befallen.

1. Typischerweise sind grauweiße bis dunkle Beläge und Pilzrasen auf den Früchten, Triebspitzen und Blättern zu finden.
2. Befallene Pflanzenteile abschneiden und entsorgen. Widerstandsfähige Sorten pflanzen, besonders bei Stachelbeeren.

HIMBEERRUTENSTERBEN
Flecken an den Stecken

Kommt vor bei: Himbeeren

1. Die Ruten von Himbeeren können im Frühjahr blauviolette Flecken bekommen, die sich mit der Zeit silbrig verfärben und aufplatzen. Meist sterben die Ruten dann komplett ab.

2. Kranke und befallene Ruten und Triebe bodennah herausschneiden. Der für die Erkrankung verantwortliche Pilz tritt vor allem bei Trockenheit auf, deshalb die Himbeeren mulchen und bei Trockenheit regelmäßig wässern. Beim Hacken und Pflegen Rutenverletzungen vermeiden und die abgetragenen Ruten so ausschneiden, dass die Pflanze insgesamt nicht zu dicht wird.

JOHANNISBEERBLASENLAUS
Kleine Milbe, große Blasen

Kommt vor bei: Roten Johannisbeeren, aber auch die Schwarze Johannisbeere wird befallen.

1. Vor allem die Blätter an den Triebspitzen werden befallen. Anfangs bilden sich rote Flecken, die sich zu Beulen aufblähen. Auf der Blattunterseite sitzen die Übeltäter: kleine grüne Johannisbeerblasenläuse.

2. Da der Befall die Pflanze sehr schwächen kann, müssen betroffene Triebe sofort herausgeschnitten werden. Anschließend mit Kaliseifenpräparaten (z. B. Neudosan Neu Blattlausfrei) spritzen. Im Frühjahr noch vor dem Austrieb mit einem Ölpräparat gegen die überwinternden Eier spritzen.

GELBTAFELN
Aus die Laus

Sie brauchen: Gelbe und blaue Leimtafeln aus dem Gartenfachhandel

1. Besonders im Gewächshaus sind Gelbtafeln ideal, um Pflanzenschädlinge wie Weiße Fliege, Blattläuse und Trauermücken in Schach zu halten. Die Insekten werden von der farbigen Fläche angelockt und bleiben kleben. Mit den Leimtafeln lässt sich ein Befall feststellen und bekämpfen. Eine Tafel reicht für eine Fläche von etwa 5 m².

2. Die ganz ähnlichen Blautafeln wirken auf Thripse unwiderstehlich, die ihnen dann buchstäblich auf den Leim gehen.

3. Für Kirschbäume im Freien gibt es spezielle gelbe Leimtafeln, die größer sind und die Kirschfruchtfliegen abfangen, deren Maden die Früchte befallen.

4. Der Nachteil: Leimtafeln locken auch Nützlinge an. Daher sollten Sie diese nicht in der Nähe von Behältern zur Nützlingsausbringung aufhängen.

Knackfrisch vom Baum

Romantische Frühlingsblüten, kühler Schatten und ab Juli köstliches Obst – mit Apfel-, Birnbaum und Co. ist gut Kirschenessen. Noch dazu bringen die meisten Sorten über viele Jahre reiche Ernte!

> Kernobst wie Äpfel und Birnen braucht einen Bestäuber, das kann auch ein Zierapfel oder eine Wildbirne sein. Beim Steinobst gibt es zwar selbstfruchtende Sorten, Fruchtansatz und Ertrag sind bei Fremdbestäubung aber besser.

Bei der Auswahl der Obstarten und -sorten für den Selbstversorgergarten spielen insbesondere der verfügbare Platz und die Region, in der man lebt, eine Rolle.

Regionale Sorten sind am besten an Klima und Witterung im jeweiligen Gebiet angepasst. Daher sollten Sie Ihre Obstbäumchen optimalerweise in einer Baumschule vor Ort auswählen oder sich beraten lassen, welche Sorten in Ihrer Region am besten wachsen.

Erziehungsformen und Platzbedarf gehen Hand in Hand. Dank Veredlung können fast alle Obstarten in unterschiedlichen Formen gezogen werden. Nahezu jeder Obstbaum besteht aus 2 Teilen: der Edelsorte und einer Wurzelunterlage. Da die meisten Edelsorten ausgesprochen starkwüchsig sind, müssen sie durch eine wachstumsbremsende Unterlage in Schach gehalten werden. Umgekehrt gibt es auch stark wachsende Unterlagen, welche den Anbau von schwachwüchsigen Sorten, die kaum eigene Wurzeln bilden, erst ermöglichen. Die klassischen Hochstämme mit einem Stamm von 1,6–2 m Höhe vor dem Kronenansatz brauchen ungefähr eine Fläche von 25–65 m². Wer weniger Platz hat, pflanzt die kleineren Halb- und Niederstämme. Buschbäume, wie man sie oft bei Sauerkirschen antrifft, werden recht breit. Die Erziehung am Spalier oder in Spindelformen erfordert einiges an Erfahrung und viel Pflege. Am schönsten und natürlichsten sind immer noch Hochstämme, obendrein spenden diese an heißen Tagen kühlen Schatten.

Geduld ist angesagt

Obstbäume brauchen einige Zeit, um »in die Gänge zu kommen«. Bei Halb- und Hochstämmen dauert es etwa 5–8 Jahre, bis die erste nennenswerte Ernte möglich ist.

Pflege und Schnitt

Obstbäume wachsen auf tiefgründigen, mittelschweren und humusreichen Böden am besten. Ist der Untergrund leicht und sandig, sollten sie regelmäßig mit Kompost versorgt werden. Beim Schneiden unterscheidet man zwischen dem Pflanz-, Erziehungs-, Erhaltungs- und Verjüngungsschnitt.

Birnen schmecken am besten, wenn sie nach der Ernte noch 2–3 Wochen nachreifen können.

Grundsätzlich werden Äpfel und Birnen, Kirschen und Quitten im Spätwinter geschnitten. Nur so können die Schnittwunden gut verheilen und bieten Krankheitserregern keinen Einlass. Pflaumen schneidet man dagegen besser im Frühjahr.

Der Pflanzschnitt unmittelbar nach der Pflanzung ist wichtig, damit das Bäumchen eine gleichmäßige Krone aufbauen kann. Die Spitze und langen Triebe werden um ein Drittel eingekürzt und ein Grundgerüst aus 3–5 Seitentrieben aufgebaut. Schwache und störende Triebe komplett entfernen.

Der Erziehungsschnitt beginnt im zweiten Standjahr und dient gleichfalls dem Kronenaufbau. Äste ins Kroneninnere werden weggeschnitten, genauso Konkurrenztriebe zur Spitze. Flache Seitenäste bleiben stehen.

Der Erhaltungsschnitt beginnt 4–6 Jahre nach der Pflanzung und dient dazu, ein ausgewogenes Verhältnis von langen Laubtrieben und kurzen Fruchttrieben zu erhalten.

Der Verjüngungsschnitt soll alten Bäumen zu neuem Leben verhelfen und den Austrieb frischer Triebe fördern. Damit sich nicht zu viele unerwünschte »Wasserschosse« bilden, wird maximal ein Viertel der alten Äste pro Jahr entfernt. Wasserschosse sind senkrechte Triebe an waagrechten Ästen, die Sie so schnell wie möglich wegreißen sollten (Wegschneiden führt zu Neuaustrieb).

Ertrag

Der Ertrag von Obstbäumen ist von Art, Größe, Alter und Erziehungsform des Baumes abhängig und kann zudem von Jahr zu Jahr schwanken. Zwischen ein paar Kilo und einigen Zentnern ist alles möglich.

Beim Anblick dieser Mirabellen läuft einem das Wasser im Mund zusammen.

Obstbäume bieten im Sommer zusätzlich kühlen Schatten. Was will man mehr?

 SOMMER

Stein- und Kernobst

Apfel
Malus domestica

| J | F | M | A | M | J | J | A | S | O | N | D | ☼ |

Platzbedarf: 2–50 m² je nach Wuchsform

Pflanzung: Spätherbst oder Frühling; **Standort:** humus- und nährstoffreich, durchlässig; offen, damit die Blätter nach Regen schnell trocknen; **Pflege:** bei der Pflanzung auf für die jeweilige Region geeignete Sorten achten und immer mindestens 2 Sorten pflanzen; bei Wassermangel fallen die Früchte ab; Schnitt nur im Spätwinter; **Nutzungsdauer:** mehrere Jahrzehnte; **Sorten:** früh (August): 'Nela'; mittel (September): 'Alkmene', 'Rubinola'; mittelspät (Anf. Oktober): 'Ariwa'; spät (Ende Oktober): 'Boskoop'.

Birne
Pyrus communis

| J | F | M | A | M | J | J | A | S | O | N | D | ☼ |

Platzbedarf: 25–50 m² je nach Wuchsform

Pflanzung: Spätherbst oder Frühjahr vor dem Austrieb; **Standort:** warm, humusreich, durchlässig, nährstoffreich; **Pflege:** auf Quitte veredelte Birnen sind frostempfindlicher; nach der Ernte mit Kompost düngen; nur im Spätwinter schneiden; Birnen brauchen eine 2. Sorte zur Befruchtung; die Früchte müssen nach der Ernte ein paar Wochen nachreifen; **Nutzungsdauer:** mehrere Jahrzehnte; **Sorten:** früh (ab September): 'Frühe von Trevoux'; mittel: 'Concorde', 'Harrow Sweet', 'Conference'; spät (ab Mitte Oktober): 'Madame Verte'.

Pflaumen & Co.
Prunus domestica, Prunus cerasifera

| J | F | M | A | M | J | J | A | S | O | N | D | ☼ |

Platzbedarf: 4 × 5 m bis 10 × 10 m

Pflanzung: Herbst, in rauen Lagen besser im Frühjahr; **Standort:** feucht, aber nicht staunass, lehmig, windgeschützt; **Pflege:** nur im Frühjahr schneiden; nicht austrocknen lassen; geschützter Standort besser; **Nutzungsdauer:** mehrere Jahrzehnte; **Sorten:** Pflaumen (Juni/Juli): 'Ruth Gerstetter'; Zwetschgen (Ende Juli bis Oktober): 'Bühler Frühzwetschge', 'Katinka', 'Jojo', 'Anna Späth'; Mirabellen (August): 'Mirabelle von Nancy', 'Miragrande'; Renekloden (August/September): 'Große Grüne', 'Oullins'.

■ = Pflanzung   ■ = Erntezeit   ☼ Sonne   ◐ Halbschatten   ● Schatten

Stein- und Kernobst

Süßkirsche
Prunus avium

| J | F | M | A | M | J | J | A | S | O | N | D | ☼ |

Platzbedarf: 4 × 5 m bis 10 × 10 m

Pflanzung: Frühherbst oder im Frühling bis April; **Standort:** durchlässiger, lehmig-sandiger Boden ist ideal; **Pflege:** für höheren Ertrag mehrere Sorten pflanzen; auch die wilde Vogel-Kirsche kann Süßkirschen befruchten; nur im Sommer schneiden, große Wunden vermeiden; Erntezeitraum durch Sortenwahl verlängern: 1. Kirschwoche (KW) ab Ende Mai bis 7. KW im August; **Nutzungsdauer:** mehrere Jahrzehnte; **Sorten:** früh (1.–2. KW): 'Burlat', 'Kassins frühe Herzkirsche'; 3. KW: 'Celeste'; 3.–4. KW: 'Carmen'; spät (7. KW): 'Regina' und 'Oktavia'.

Sauerkirsche
Prunus cerasus

| J | F | M | A | M | J | J | A | S | O | N | D | ☼ |

Platzbedarf: 4–5 × 5 m

Pflanzung: Herbst bis November; **Standort:** lehmig-sandiger Boden, durchlässig; **Pflege:** Sauerkirschen müssen mindestens alle 3 Jahre geschnitten werden, sonst vergreisen sie und tragen weniger; im Gegensatz zu Süßkirschen sind sie selbstfruchtend, brauchen also keine 2. Bestäubersorte; **Nutzungsdauer:** 15–30 Jahre; **Sorten:** Weichselkirschen mit dunklen Früchten und Saft: 'Gerema', 'Karneol', 'Morina', 'Safir'; Amarellen mit hellen Früchten und Saft: 'Morellenfeuer'. Schattenmorellen sind anfällig und nicht für Bio-Selbstversorger geeignet.

Quitte
Cydonia oblonga

| J | F | M | A | M | J | J | A | S | O | N | D | ☼ |

Platzbedarf: 5 × 5 m

Pflanzung: im Frühjahr, da die Jungbäumchen frostempfindlich sind; **Standort:** sonnig, geschützt, Boden durchlässig, kein Kalkboden; **Pflege:** anspruchslos, nur in sehr trockenen Sommern gießen, alle 2 Jahre mit Kompost düngen, vergreiste Triebe bei älteren Bäumen Ende Februar/Anfang März herausschneiden; **Nutzungsdauer:** mehrere Jahrzehnte; **Sorten:** Apfelquitten wie 'Konstantinopeler' haben aromatisches, aber hartes Fruchtfleisch; Birnenquitten haben weiche Früchte, schmecken aber fader; empfehlenswert ist 'Bereczki'.

SOMMER

Balkonien für Selbstversorger

Obst, Gemüse und Kräuter auf dem Balkon, und noch dazu mitten in der Stadt? Aber ja, das funktioniert super. Der Bio-Naschbalkon von Birgit Schattling im Herzen Berlins ist ein perfektes Beispiel dafür.

Die Berliner Balkongärtnerin Birgit Schattling betreibt einen eigenen Blog, auf dem sie über den Anbau von Obst und Gemüse in der Stadt berichtet. Sie veranstaltete den kostenlosen Online-Bio-Balkon-Kongress und wurde beim Wettbewerb »Giftfreies Gärtnern – ein Blick über den Gartenzaun« der Grünen Liga e. V. im Jahr 2017 mit einem Sonderpreis für Gärtnern auf kleinstem Raum ausgezeichnet. Zudem war sie für den »European Award for Ecological Gardening 2017« nominiert.

Mein Saatgut und meine Pflanzen stammen möglichst aus biologischem Anbau und sind nicht gentechnisch verändert. Ich bevorzuge widerstandsfähige und samenfeste Pflanzensorten, die auf natürliche Weise vermehrt werden können.

Wie groß ist dein Balkon, und wie lange baust du dort schon Obst und Gemüse an?

Birgit Schattling: Seit 2,5 Jahren wohne ich mitten in Berlin in einer kleinen Wohnung mit zwei Balkonen in Südausrichtung. Mein lang gestreckter Naschbalkon ist 5 m², mein Erholungsbalkon 4 m² groß. Im Herbst des Einzugsjahres habe ich mir vier Apfelbäume und 1 Süßkirsche als schlank und nicht so hoch wachsendes Säulenobst gekauft und jeweils einzeln in große 70-l-Pflanzbehälter gesetzt. Dazu habe ich jeweils Beerenobst gepflanzt: Himbeere, Jostabeere, Heidelbeere, Thaybeere, Kamschatkabeere, Brombeere sowie viele Frühlingsblüher.

Gibt es Arten oder Sorten, die du besonders gerne auf deinem Balkon anbaust?

Birgit Schattling: Am liebsten mag ich Arten zum Abnaschen sowie Blattgemüse und Kräuter für meine täglichen grünen Smoothies. Absolut unkompliziert wächst Grünkohl – im üblichen 60-cm-Balkonkasten. Tomaten gibt es auf meinem Erholungsbalkon. Besonders gerne mag ich Wildtomaten. Aufgrund der Überdachung regnet es kaum hinein, was für Tomaten, die nicht nass stehen wollen, sehr günstig ist. Super wachsen auch Rucola und Asia-Salat. Zudem Hokkaido-Kürbis, Monats-Erdbeeren, Physalis, Süßkartoffel, Glockenpaprika und Ingwer.

Balkonien für Selbstversorger

> Das Tolle beim Grünkohl ist, dass ich von ihm über viele Monate ernten kann. Dabei schneide ich immer nur die unteren Blätter ab, oben kann er weiterwachsen.

> Meine Himbeeren wachsen wie alle anderen Beerensträucher wunderbar in Pflanzkübeln, und ich kann den ganzen Sommer immer wieder neue Früchte naschen.

> Mein Balkon ist nicht nur eine Oase für mich, auch viele Vögel wie diese Spatzen besuchen mich regelmäßig und holen sich ihren Anteil von dem in Schalen ausgelegten Futter und von den aufgehängten Meisenknödeln.

Ich liebe die winterharten Kräuter, die beim Umzug immer zum nächsten Balkon mitwandern: Thymian, Estragon, Ysop, Bergminze, Schweizer Minze, Zitronenmelisse, Salbei, Gartenkresse, ausdauernde Kresse, Schnittknoblauch, Brennnessel, Spitzwegerich, Löwenzahn und sogar den Giersch.

Deine Erträge sind ja beachtlich und genauso hoch wie beim normalen Anbau im Beet. Hast du einen Geheimtipp bei der Düngung?

Birgit Schattling: Mein Bio-Abfall wandert in eine Wurmkiste. 1500 Regenwürmer verwandeln ihn dort in wertvollen Wurmhumus als Dünger für meine Pflanzen. Dazu Kräuterjauche aus Brennnesseln, Ackerschachtelhalm und Rainfarn. Außerdem gieße ich regelmäßig mit effektiven Mikroorganismen und Brennnessel-Smoothie.

Was machst du mit der Erde in den Kästen und Töpfen, wenn du alles abgeerntet hast? Brauchst du jedes Jahr neue, oder gibt es einen Trick, sie wiederzuverwenden?

Birgit Schattling: Im Frühjahr wird die Erde nicht ausgetauscht, sondern nur gelockert, noch vorhandenes Wurzelwerk entferne ich dabei. Aufgepeppt wird diese Erde dann mit frischem Wurmhumus aus der Wurmkiste. Dazu kommen noch Hornspäne und Brennnesselblätter als Stickstoffdünger. Die Hornspäne werden langsam abgebaut und wirken als Langzeitdünger über viele Wochen.

HERBST & WINTER

VON WEGEN LANGEWEILE, DER HERBST IST MIT DIE **HAUPTSAISON** IM OBST- UND GEMÜSEGARTEN. MÖHREN, PASTINAKEN, KOHL UND WINTERSALATE SOWIE BOHNEN UND ERBSEN KÖNNEN NOCH GEERNTET WERDEN. DER **OBSTGARTEN** LIEFERT **KÖRBEWEISE** ÄPFEL UND BIRNEN, UND ZU HALLOWEEN DARF DER KÜRBIS AUS DEM **EIGENEN GEMÜSEGARTEN** NATÜRLICH KEINESFALLS FEHLEN.

HERBST & WINTER

Erntezeit im Gemüsegarten

September und Oktober, die ersten Herbstmonate, sorgen noch einmal für eine ordentliche Ernteschwemme im Gemüsegarten. Bahn frei für die Aussaat schnellwüchsiger oder winterharter Sorten!

Wenn die ersten Bäume ihr Laub fallen lassen und sich die Blätter des Wilden Weins rot färben, dann beginnt die Erntesaison im Gemüsegarten. Neben Kürbis, Kohl und Zwiebeln werden auch Wurzelgemüse wie Möhren, Pastinaken und Petersilie reif, dazu Lauch (Porree), Zichoriensalate wie Radicchio und Zuckerhut und die letzten Tomaten.

Auf dem Beet abgetrocknet und richtig ausgereift. Da ist der Wintervorrat sicher!

Richtig ernten

Will man die gerade geernteten Gemüse sofort verzehren oder verarbeiten, also einfrieren, einkochen oder einlegen, spielt der Erntezeitraum keine große Rolle. Frisch aus dem Beet schmecken sie allesamt lecker und knackig. Falls Sie die Gemüse jedoch einlagern möchten, dann halten diese länger und besser, wenn ihnen zuvor eine Spezialbehandlung zuteil wird.

* **Wurzelgemüse** wie Möhren, Pastinaken, Petersilienwurzeln, Rettiche und Rüben sowie Rote Bete werden zum Ernten gelockert. Dazu stechen Sie mit der Grabe- oder Mistgabel neben den Reihen in die Erde und lockern den Boden, dann lassen sich die Wurzeln einfacher herausziehen. Anschließend grobe Erdreste abbürsten und die Blätter abdrehen. Knapp 5 cm lange grüne Stängelreste dürfen bleiben. Rüben, die zur Lagerung vorgesehen sind, bitte nicht waschen. Dadurch wird die äußere Schale verletzt, sodass Pilze und Bakterien leichtes Spiel haben.
* **Kartoffeln** sind reif für die Ernte, sobald sich ihre Blätter gelb färben. Auch sie sollten nicht gewaschen werden, da sie sonst im Lager faulen. Wichtig ist zudem, sie an einem dunklen Ort aufzubewahren, andernfalls treiben die »Augen« aus, und die Knollen werden grün und giftig.

Erntezeit im Gemüsegarten

Griffbereit für kalte Nächte. Unter einem Vlies bleiben Lauch und Co. auch bei Frost draußen.

Die Mulchschicht aus Rindenhäcksel unter den Kürbissen verhindert faule Stellen.

* **Zwiebelgemüse** wie Küchenzwiebeln, Knoblauch und Schalotten geben den richtigen Erntezeitpunkt vor: Sobald das Laub gelb wird und eintrocknet, lassen sie sich nach dem Lockern der Erde problemlos aus dem Boden ziehen. Im Gegensatz zu Wurzelgemüse sollten Sie die Blätter an der Zwiebel belassen und diese auch nicht – wie früher üblich – auf dem Beet »umtreten«. Damit die Schale komplett durchtrocknet, kommen die Zwiebeln nach der Ernte an einen warmen Platz.
* **Kürbis** ist zwar ein klassisches Herbstgemüse, verträgt aber keinen Frost. Sobald der Stiel eintrocknet, kann geerntet werden. Aber nicht zu knapp abschneiden, sonst fault der Ansatz. Ist dieser eingetrocknet, hält der Kürbis ein paar Monate.
* **Fruchtgemüse** wie Tomaten, Paprika und Auberginen reifen bei Kälte nicht weiter aus, darum spätestens im Oktober abernten. Grüne Tomaten sind giftig und erst genießbar, wenn sie bei Zimmertemperatur eine rote Farbe angenommen haben.

Späte Ernte

Schnellwüchsige Sorten wie Asia-, Schnitt- und Feldsalat, Winterpostelein, Radieschen können noch im September gesät werden.

> Von Kräutern und Gemüse können Sie eigenes Saatgut ernten. Bei Kräutern spielt die Sorte meist keine Rolle, bei Gemüse müssen sie »sortenecht« sein, d. h., dass die Nachkommen dieselben Eigenschaften wie die Mutterpflanze haben.

HERBST & WINTER

Gemüse richtig lagern

Frischegarantie – ein Großteil der eigenen Ernte kommt aus dem Garten direkt auf den Tisch. Und falls bei Knollen, Rüben & Co. doch etwas übrig bleibt, lassen sich diese ab Ende Oktober prima einlagern!

Gemüse im Lager regelmäßig kontrollieren. Wenn es müffelt, dann hat sich wohl eine faule Kartoffel oder Zwiebel eingeschlichen. Sofort rausholen und wegwerfen, damit der Rest gesund bleibt!

Wohl dem, der einen kalten Keller mit Naturboden aus gestampftem Lehm sein Eigen nennt oder nutzen kann. Das ausgeglichene Klima ohne große Temperaturschwankungen und die hohe Luftfeuchtigkeit dank des gestampften Lehmbodens sind ideale Bedingungen zum Lagern von Gemüse. Aber es gibt genügend Möglichkeiten, auch ohne solch vorteilhafte Räumlichkeiten für gute Lagerbedingungen zu sorgen.

* **Auf dem Beet** können frostharte Gemüse wie Möhren, Pastinaken und Lauch unter einer schützenden Strohschicht und einer Vliesabdeckung in der Erde »eingelagert« werden. Bei gefrorenem Boden ist jedoch an eine Ernte nicht zu denken.
* **Garagen, Fahrradkeller und normale Keller** sind als Aufbewahrungsort gut geeignet. Das Gemüse sollte im Freien abkühlen, dann steigt die Temperatur beim Einlagern nicht weiter. Bei zu geringer Luftfeuchte schaffen Wasserschalen oder das Besprühen des Bodens mit Wasser Abhilfe. Aber Vorsicht, der Keller soll keine Schimmelhöhle werden.
* **Erdmieten** eignen sich zur Lagerung von Wurzelgemüse. Hierzu im Garten einen Graben ausheben, das Gemüse einschichten und mit Stroh, Sackleinen und einer dicken Schicht Erde als Frostschutz abdecken. Erdmieten funktionieren eigentlich ganz gut, bei Nässe besteht allerdings Fäulnisgefahr, wie auch Wühlmäuse ein Problem werden können. Insgesamt lohnt sich der Aufwand nur für große Mengen.

Gemüse mag kein Obst

Was im Garten noch einvernehmlich neben- oder übereinander gewachsen ist, das sollten Sie im Keller schön getrennt halten. Äpfel und Birnen scheiden nämlich ein Reifegas (Ethylen) aus, das Gemüse vorschnell

Kürbis darf nicht zu kalt gelagert werden, gut sind Schlafzimmertemperaturen um 15 °C.

Clever gemacht

SANDKISTE:

Wurzelgemüse haben nur eine dünne Schale oder Haut und trocknen schnell aus. Wenn man sie jedoch in leicht (wirklich nur leicht) angefeuchteten Sand einpackt, halten sie viele Monate.

* Das Gemüse von grobem Schmutz befreien, aber nicht waschen.
* Bei Rote Bete (Bild links), Möhren, Pastinaken, Petersilienwurzeln und Rüben (oben rechts) die Blätter abdrehen. Ein paar Zentimeter dürfen stehen bleiben, damit der Ansatz nicht fault.
* Auf eine dünne Sandschicht in einer Kiste kommt die erste Lage Gemüse, dann etwas Sand und die nächste.
* Am besten immer Wochenportionen in die Kisten packen.
* Im kühlen Keller lagern, ggf. den Sand ab und zu befeuchten.

altern lässt. Wenn eine gesonderte Lagerung nicht möglich ist, dann werden die Kisten mit dem Obst in Lochfolie gepackt und möglichst weit weg vom Gemüse, am besten unter einem Kellerfenster, aufgestellt.

Optimale Temperatur

* **Wurzelgemüse** mag es feucht und kühl, knapp über 0 °C bis etwa 5 °C sind ideal, die Luftfeuchtigkeit sollte bei 85–95 % liegen. So gelagert halten Knollensellerie, Möhren, Pastinaken, Winterrettiche und Kartoffeln mehrere Monate.
* **Kürbis** bevorzugt es wärmer, schließlich ist er ein »Fruchtgemüse« und schätzt milde Temperaturen um 15 °C. Im Oktober bzw. November eingelagert, hält er sich dann durchaus bis April oder sogar Mai.
* **Zwiebeln und Knoblauch** sollte man wiederum kühl bis schlafzimmerwarm und vor allem trocken lagern. Dank der schützenden Hüllblätter, die wie eine Schale wirken, geben sie kaum Feuchtigkeit ab. Wenn die Luft zu feucht wird, beginnen sie schnell zu faulen oder zu schimmeln.
* **Lauch (Porree)** tanzt aus der Reihe, da er zu den Zwiebelgewächsen zählt, aber wie Wurzelgemüse gelagert wird: feucht und kühl. In feuchtes Tuch eingeschlagen und im Kühlschrank aufbewahrt, bleiben auch Lauchzwiebeln lange frisch.

HERBST & WINTER

Einfrieren und einmachen

Eingelegte Gurken, Bohnen aus dem Glas, Kürbiskompott und jede Menge Tiefkühlbeutel mit Erbsen, Mangold und Spinat – so kann die kalte Jahreszeit problemlos überbrückt werden.

> Gemüse zum Einfrieren, Einkochen und Einlegen muss tipptopp sein. Früchte mit faulen Stellen oder Flecken sollten Sie unbedingt ausschneiden oder am besten frisch verzehren.

Kürzere Tage und dunkle Nachmittage – im Herbst kann die Zeit, die man im Sommer im Garten verbracht hat, zum Haltbarmachen der Ernteschätze genutzt werden. Allerdings sollten Sie sich, wie schon bei der Anbauplanung im Frühling, gut überlegen, wie viel Tiefkühlkost und Eingemachtes Sie tatsächlich den Winter über brauchen. Denn Vorräte aus dem vorhergehenden Jahr bleiben meist ungenutzt auf Lager, sobald die neue Saison mit frischem Gemüse begonnen hat.

Einfrieren

Grüne Gemüse verlieren beim Einkochen ihre schöne Farbe und Knackigkeit, daher werden sie besser eingefroren. Hierzu das geputzte und in Portionen geschnittene Gemüse kurz in sprudelnd kochendem Wasser blanchieren (10–20 Sekunden reichen), dann mit einem Seiher aus dem Topf nehmen und in Eiswasser abkühlen. Ob Erbsen, Schnippelbohnen, Brokkoli, Blumenkohl oder Möhren – anschließend können Sie diese portionsweise in Gefrierbeuteln oder Kunststoffbehältern tiefgefrieren.

Kurz blanchiert, dann bleibt er schön grün. Das gilt nicht nur für Brokkoli, sondern auch für Erbsen und Bohnen.

Einkochen

Im Prinzip lassen sich alle Gemüse, die zum Verzehr gedünstet oder gebraten werden, auch gut einkochen. Für ein Weckglas mit 1 l Inhalt sind ca. 600–700 g frisches Gemüse zu veranschlagen. Dazu Möhren, Bohnen, Erbsen und Co. putzen, in Scheiben, Würfel oder Streifen schneiden und in das Glas geben. Mit Salzwasser auffüllen (1 Teelöffel Salz auf 1 l Wasser), das Glas gut verschließen und 1 Stunde lang in leise siedendem Wasser (ca. 90° C) einkochen. Nach dem Abkühlen (nicht unter kaltem Wasser, sonst zerspringt das Glas!) können Sie Etiketten anbringen, auf dem das Gemüse und vor allem das Einmachdatum vermerkt sind.

Clever gemacht

SAUER MACHT LUSTIG:

Pikant in Essig eingelegt, hält Gemüse viele Wochen.

1. So geht's

Sauer einlegen – das funktioniert am besten mit wasserhaltigem Gemüse wie Paprika, Gurken, Tomaten, Chinakohl oder Zwiebeln. Zunächst wird das Gemüse gewaschen und küchenfertig in Streifen oder Scheiben geschnitten. Dann roh einsalzen und etwa einen Tag ruhen lassen. Anschließend spülen Sie das Gemüse mit kaltem Wasser ab, füllen es in frisch ausgekochte Gläser und übergießen es mit Essig. Für noch mehr Würze den Essig zuvor mit Zucker, Salz, verschiedenen Gewürzen sowie Knoblauch und Chili aufkochen, so lösen sich die Aromen besonders gut.

Wer es weniger bissfest mag, kann das Gemüse vor dem Einlegen auch für ca. 5 Min. vorkochen. Dann aus dem Kochwasser nehmen, in Gläser füllen und mit aromatisiertem Essigsud auffüllen. Oder das Gemüse gleich im Essigsud kochen, in ein Glas geben, den Sud nochmals aufkochen und über das Gemüse gießen. Die Gläser abkühlen lassen und etikettieren.

2. Gewürze dürfen nicht fehlen

Im Gegensatz zum Einkochen bleibt das Aroma von Gewürzen und Kräutern beim Sauereinlegen erhalten. Bei Gurken sorgen Dill, Chili, Senfkörner, Honig oder Knoblauch für den nötigen Pepp, bei Bohnen ein paar Zweige Bohnenkraut. Und haben Sie schon Möhrensalat mit ein paar Sellerie- oder Petersilienwurzelstücken probiert? Einfach köstlich! Dicke Gurken vor dem Einlegen mehrfach mit einer Gabel anstechen, damit der Essig auch ins Innere der Früchte gelangen kann.

HERBST & WINTER

Foraging: Aus der Natur auf den Tisch

Natur pur, das sind Wildobst und Nüsse. Viele Wildfrüchte sind echte Vitaminbomben und reich an Antioxidantien und Mineralstoffen. Nüsse liefern wertvolles Eiweiß – ideal für Low-Carb-Rezepte.

> Wer Beeren und Früchte in der Natur sammelt, muss sich seiner Sache sicher sein. Nicht alles, was Vögel und andere Tiere fressen, ist auch für den Menschen bekömmlich.

Wildobst, so bezeichnet man die Früchte von heimischen Bäumen und Sträuchern, die gärtnerisch kaum weitergezüchtet wurden und von denen es nicht so viele verschiedene Sorten wie bei Äpfeln, Birnen oder Kirschen gibt. Lediglich einige wenige Auslesen eignen sich auch für den Anbau im eigenen Garten (→ Seite 118–119).

Viele Wildobstarten kann man frisch vom Strauch naschen, so zum Beispiel Maulbeeren, Felsenbirnen oder solche Klassiker wie Wald-Erdbeeren, Himbeeren, Brombeeren und Heidelbeeren. Dann gibt es aber noch eine ganze Reihe wild gewachsener Früchtchen, die von Natur aus so sauer sind oder so viele Gerbstoffe enthalten, dass sie erst nach Verarbeitung zu Mus, Kompott, Marmelade oder Säften und Likören ihren vollen Geschmack entfalten. Kornelkirsche, Sanddorn und Ebereschen (Vogelbeeren) gehören in diese Kategorie. Manch andere wie der Holunder haben Inhaltsstoffe, die schwach giftig sind und erst durch Kochen zerstört werden – ähnlich dem Phasein der grünen Bohnen, die ja auch nur gekocht auf den Teller dürfen. Und Schlehen, eine Art Mini-Wildpflaume, sind nicht vor dem ersten Frost genießbar, bei dem ein Teil ihrer Säure in Zucker umgewandelt wird.

Doppelter Nutzen

Einheimische Wildobstarten sind nicht nur lecker und eine ungewöhnliche Bereicherung des eigenen Speiseplans. Sie sind auch im Garten wertvoll. Die Kornelkirsche läutet mit ihren gelben Blüten das Ende des Winters ein, Sanddorn bietet zwischen silbrigen Blättern und an den dornigen Zweigen Unterschlupf und Nistmöglichkeiten für Vögel, und ohne Vogelbeeren würden viele Amseln wie auch ihre im Winter durchziehenden Verwandten, die Sing- und Wacholderdrosseln, die kalte Jahreszeit nicht überstehen. Eine wilde Hecke bietet vielen nützlichen Insekten, Vögeln, Igeln und Spitzmäusen Unterschlupf, die von dort ihre Streifzüge zur Nahrungssuche in den Garten unternehmen. Da haben Blattlaus, Raupen, Apfelwickler und Kirschfruchtfliege keine Chance mehr, von Nacktschnecken ganz zu schweigen.

Kornelkirschen lassen sich zu leckerer Marmelade oder Gelee, mit Zucker und Alkohol auch zu einem delikaten Likör verarbeiten.

Wildgemüse

Viele Wildkräuter sind essbar und sorgen als Salat oder Beilage für Abwechslung auf dem Speiseplan. Doch die meisten schmecken schon sehr nach »Wiese«. Richtiggehend lecker sind jedoch die folgenden Sorten:

* **Barbarakraut** ähnelt vom Geschmack der Gartenkresse und ist das ideale Wintergemüse. Sehr gut auch als Salatbeigabe.
* **Bärlauch** gilt als Klassiker für die Zubereitung von Pesto, zum Backen, Dünsten und Würzen. Vorsicht, Verwechslungsgefahr mit dem hochgiftigen Maiglöckchen!
* **Brennnessel** schmeckt als Suppe oder Püree, solange die zarten, jungen Triebe verwendet werden.
* **Brunnenkresse** peppt Salate auf und schmeckt auch in der Suppe superlecker.
* **Gänseblümchenblüten** haben zwar keinen intensiven Geschmack, sehen im Salat jedoch extrem dekorativ aus.
* **Giersch** kann ganz schön lästig sein. Die jungen (!) Triebe lassen sich aber als Alternative zu Spinat verwenden – köstlich!
* **Guter Heinrich** war früher weit verbreitet und zählt heute schon fast zum Delikatess-Gemüse. Er dient als Spinatersatz oder wird wie Spargel zubereitet.
* **Knoblauchsrauke** schmeckt so, wie sie heißt – und riecht auch so!
* **Löwenzahn** kommt als knackige Salatbeigabe auf den Teller.
* **Sauerampfer** sorgt für die besondere Note – ob im Salat, als Spinatersatz, in Suppen oder beim Würzen. Für Frankfurter Grüne Soße ist er unverzichtbar.
* **Veilchenblüten** haben ein ganz eigenes, süßliches Aroma. Ideal für Salate oder – eingefroren in Eiswürfeln – für Drinks.

Nüsse und Beeren aus Wald und Wiese bereichern im Herbst den Speiseplan.

Die Konkurrenz schläft nicht! Wer seine Nüsse ernten möchte, muss sich beeilen!

HERBST & WINTER

Wildobst und Nüsse

Haselnuss
Corylus avellana, C. maxima

Platzbedarf: 4–20 m²

Pflanzung: Oktober bis Mitte November und März (vor dem Austrieb), Containerpflanzen auch im Sommer; **Standort:** wächst auf allen Gartenböden (trocken bis feucht), nur nicht auf sumpfigen Moorböden; **Pflege:** Triebe nach 5–6 Jahren herausschneiden zur Verjüngung; treibt stark aus; zur Nussernte nicht zu groß werden lassen, sonst holen sich Eichhörnchen die Nüsse; **Nutzungsdauer:** 20–30 Jahre; **Sorten:** 'Bergers Zellernuss', 'Wunder von Bollweiler', 'Hallesche Riesennuss', 'Webbs Preisnuss'.

Walnuss
Juglans regia

Platzbedarf: 25–100 m²

Pflanzung: im Frühjahr nicht vor Mitte April, da die jungen Triebe frostempfindlich sind, auch im Sommer oder Herbst; männliche und weibliche Blüten öffnen sich nicht gleichzeitig am Baum, daher sind mindestens 2 Pflanzen nötig; **Standort:** anspruchslos, braucht viel Platz, unterdrückt andere Pflanzen, daher keine anderen Bäume in der Nähe pflanzen; **Pflege:** in der Jugend bei Trockenheit wässern, möglichst wenig schneiden; **Nutzungsdauer:** 20–50 Jahre; **Sorten:** 'Geisenheimer Walnuss', 'Esterhazy II', 'Mars', 'Franquette'.

Holunder
Sambucus nigra

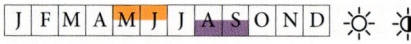

Platzbedarf: 4–15 m²

Pflanzung: Oktober bis Mitte November und März (vor dem Austrieb); **Standort:** anspruchslos, verträgt Kalk; Boden am besten feucht, humus- und stickstoffreich, aber auch trockene Sandböden werden toleriert; **Pflege:** jährlich im Frühjahr stark zurückschneiden, dann ist der Ertrag höher, denn die größten Dolden entstehen an den einjährigen Langtrieben; im Frühjahr reichlich mit Kompost düngen; Beeren und Saft erst nach Erhitzen genießbar; **Nutzungsdauer:** 10–15 Jahre; **Sorten:** 'Haschberg', 'Korsör', 'Sampo'.

■ = Blütezeit   ■ = Erntezeit   ☼ Sonne   ◐ Halbschatten   ● Schatten

Wildobst und Nüsse

Kornelkirsche
Cornus mas

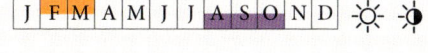 ☼ ☽

Platzbedarf: 4–10 m²

Pflanzung: Oktober bis Mitte November und Frühjahr; **Standort:** anspruchslos; bevorzugt kalkhaltigen Boden und warme, geschützte Lagen; **Pflege:** sehr schnittverträglich, kann auch als Hecke gepflanzt werden, am besten aber frei wachsen lassen; keine anderen Sträucher in der Nähe, da die Kornelkirsche am Anfang nur langsam wächst, und nicht so konkurrenzstark ist; nur bei langer Trockenheit wässern; **Nutzungsdauer:** 10–15 Jahre und mehr; **Sorten:** 'Kasanlak', 'Macrocarpa', 'Jolico', 'Flava' (mit gelben Früchten).

Eberesche
Sorbus aucuparia

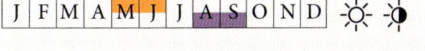 ☼ ☽

Platzbedarf: 4–15 m²

Pflanzung: Oktober bis Mitte November und Frühjahr (vor dem Austrieb); **Standort:** anspruchslos; normaler Gartenboden, aber nicht zu trocken, nährstoff- und humusreicher Boden ideal; **Pflege:** Rückschnitt nur im Frühjahr vor dem Austrieb, vor allem zu lange Äste einkürzen, da sonst die schweren Beerendolden herunterhängen; bei Bedarf überzählige Fruchtdolden entfernen, dann entwickeln sich die übrigen besser; Früchte der Wildform sind bitter und herb, nur zur Verarbeitung; **Nutzungsdauer:** 15–20 Jahre; **Sorten:** roh genießbar: 'Edulus', 'Rosina'.

Hagebutten
Rosa spp.

 ☼

Platzbedarf: 1–4 m²

Pflanzung: Oktober bis Anfang November und März/April; **Standort:** warm und sonnig; Boden tiefgründig und nährstoffreich; **Pflege:** im Frühjahr zurückschneiden, dann bilden sich kräftige Blütentriebe; Kompostgabe im Juni; bei langer Trockenheit gießen; ab Juli nicht mehr düngen; **Nutzungsdauer:** 15–20 Jahre; **Sorten:** fast alle Rosen bilden vitaminreiche Hagebutten, die von Kartoffel-Rosen (Rosa rugosa), Hunds-Rose (R. canina), Apfel-Rose (R. villosa) und 'Pillnitzer Vitaminrose PiRo3' sind besonders groß und aromatisch.

HERBST & WINTER

Erntezeit im Obstgarten

Äpfel, Birnen, Quitten und dazu jede Menge Zwetschgen, Kiwi, Tafeltrauben – die zweite Jahreshälfte sorgt für reich gefüllte Erntekörbe und genügend Wintervorräte aus dem heimischen Obstgarten.

> Vollbehangene Äste brauchen eine Stütze aus einem Pflock oder einer Latte, damit sie unter der Last der schweren Früchte nicht abbrechen. Ein Brett oder eine Platte auf dem Boden verhindert, dass die Stütze in den Boden gedrückt wird.

Kaum ist die Kirschen- und Beerensaison im Sommer vorbei, geht die Erntezeit im Garten weiter. Pflaumen, Zwetschgen, Äpfel und Birnen sind je nach Sorte ab August bis spät in den Oktober erntereif. In milderen Regionen können überdies Kiwi und Tafeltrauben angebaut werden. Nach dem ersten Frost sind auch Quitten reif zum Pflücken.

Naschen erlaubt. Nicht alles, was geerntet wird, müssen Sie verarbeiten oder einlagern.

Richtig ernten

Der Vorteil beim Eigenanbau von Obst liegt auf der Hand: Die Früchte können so lange am Baum oder Strauch reifen, bis sie ihr volles Aroma entwickelt haben. Fade, harte Pflaumen, die nach Wasser schmecken, saure Äpfel, die zwar appetitlich aussehen, aber keinen Geschmack haben – das muss im eigenen Garten nicht sein. Wichtig ist der richtige Zeitpunkt der Ernte, denn er bestimmt den Geschmack und die Lagerfähigkeit der Früchte. Bei Obstbäumen unterscheidet man außerdem zwischen Pflück- und Genussreife, denn nicht alle Früchte entfalten ihr volles Aroma unmittelbar zum Erntezeitpunkt. Zu früh geerntet, schrumpfen die Früchte oft ein und schmecken fade, bleiben sie zu lange hängen, werden sie überreif und lassen sich nicht so gut einlagern.

* **Pflaumen, Zwetschgen und Co.** sind pflückreif, wenn sie auf Druck leicht nachgeben, dabei sollte die Schale aber noch fest und prall sein. Die Früchte reifen nicht alle gleichzeitig, daher lohnt es, diese in mehreren Durchgängen zu pflücken. Je länger sie am Baum bleiben, umso süßer und saftärmer werden sie, ideal zum Einmachen als Kompott oder Marmelade. Zum Frischverzehr und Kuchenbacken sind früher geerntete Früchte besser geeignet, da sie saftiger sind und mehr Fruchtsäu-

Clever gemacht

APFELPFLÜCKER:

Keine Leiter zur Hand, die Äpfel sind reif, und es ist Samstagnachmittag – Baumarkt und Gartencenter haben schon zu, was tun? Kein Problem! Der selbst gebaute Plastikflaschenapfelpflücker ist schnell gemacht und funktioniert genauso gut wie die im Handel erhältlichen Modelle!

* Mit einem scharfen Messer (ein Teppich-Cutter geht auch) wird in die unteren Hälfte der Flasche seitlich ein Loch geschnitten. Vorsichtig arbeiten, da das Messer leicht abrutscht.
* Jetzt stecken Sie die Flasche auf einen Gerätestiel. Wenn sie nicht von alleine hält, lässt sie sich mit einem kleinen Nagel oder einer Schraube durch den Flaschenhals am Holz fixieren.
* Los geht's: Ein Apfel nach dem anderen wandert in die Flasche!

re enthalten. Mirabellen sollten immer möglichst lange am Baum hängen bleiben, da sie sich sonst schlecht vom Stein lösen und ihr süßes Aroma noch nicht voll entwickelt haben. Was nicht gleich gegessen wird, sollten Sie unbedingt einmachen, denn beim Einfrieren verlieren die Früchte ihr Aroma, und lagern lassen sie sich nicht.

* **Äpfel** werden je nach Sorte ab August bis Oktober reif. Die frühen Sorten wie 'Klarapfel' halten maximal 1–2 Wochen, deshalb so schnell wie möglich zu Mus und Kompott verarbeiten. Da zu früh geerntete Äpfel noch hart und sauer schmecken, ist der richtige Erntezeitraum besonders wichtig. Es ist jedoch nicht nötig, jedes Mal eine Frucht für einen »Testbiss« zu opfern. Ein einfacher Drehgriff reicht: Dabei wird der Apfel vorsichtig angehoben und gedreht. Wenn sich der Stiel problemlos, fast von alleine vom Zweig löst, ist der Apfel pflückreif. Übrigens: Viele Lageräpfel schmecken bei der Ernte noch sehr sauer und erlangen erst nach ein paar Monaten im Lager ihre richtige Genussreife.
* **Birnen** entwickeln ihr volles Aroma bei Lagerung schneller als Äpfel. Auch sie müssen sich fast von selbst vom Zweig lösen, dann sind sie pflückreif.
* **Quitten** werden nach dem ersten Frost geerntet. Sie lassen sich, getrennt von anderem Obst, ca. 2 Monate einlagern.

HERBST & WINTER

Obst lagern und haltbar machen

Frisch aus dem Keller, als Marmelade zum Frühstück, das Kompott als Nachtisch oder der Tiefkühlvorrat zum Backen – mit ein paar Kniffen dauert die Obstsaison das ganze Jahr.

Äpfel und Birnen halten sich je nach Sorte mehrere Monate im kühlen Keller oder einer (frostfreien) Garage. Nur ausgereifte (aber nicht überreife) Früchte ohne Schadstellen oder Dellen kommen auf die Lagerregale, auch die Haut darf keine Verletzungen aufweisen, da sonst das Obst im Lager schnell fault. Früchte, die schon etwas weicher sind oder kleine Druckstellen haben, werden besser sofort zu Kompott oder Marmelade verarbeitet bzw. eingekocht. Auch hier gilt wie beim Gemüse: Vorher überlegen, wie viel man über den Winter verbraucht, denn im Sommer kommt neuer Nachschub. Da Obst das Reifegas Ethylen ausscheidet, sollten Sie es getrennt von Gemüse lagern, das sonst vorzeitig schrumpelt und weich wird. Um die Verdunstung zu reduzieren, können Äpfel und Birnen in einem trockenen Keller auch portionsweise (beispielsweise in Wochenrationen) in Kunststoffbeuteln gelagert werden. Damit sich kein Kondenswasser in den Tüten oder bei offen gelagerten Früchten auf der Schale bildet, darf die Temperatur im Lagerraum nicht zu stark schwanken. Im Winter daher nicht zu oft lüften und kalte Luft hereinlassen. Äpfel und Birnen bevorzugen ohnehin etwas höhere Temperaturen, so um die 5 °C. Zusammen mit einer Luftfeuchtigkeit von 80–90 % halten sie so bis Januar oder April. Birnen sind etwas ungeduldiger und sollten bis Januar, Pflaumen spätestens einen Monat nach der Ernte verzehrt werden.

Sorten beachten

Apfel ist nicht gleich Apfel und Birne nicht gleich Birne. Nicht jede Sorte eignet sich für die Vorratshaltung, und auch bei den sogenannten Herbst- und Winteräpfeln bzw. -birnen gibt es welche, die nur wenige Wochen gelagert werden können, während sich andere einige Monate halten.

Dicht an dicht, aber nicht schwer übereinandergeschüttet – so halten Äpfel viele Monate.

Clever gemacht

OBST HALTBAR MACHEN:

1. Einfrieren
Weiches Obst wie Kirschen, Beeren, Pflaumen oder Zwetschgen, aber auch in Stücke geschnittene Äpfel und Birnen lassen sich einfach in Beuteln portioniert einfrieren. Besonders praktisch sind solche mit Zip-Verschluss.

2. Einmachen
Marmelade, Kompott, Gelee – mit (Gelier- oder Einmach-)Zucker und Gewürzen wie Vanille, Ingwer oder Zimt eingekocht, bleiben auch im Winter beim Frühstück keine Obstträume offen.

3. Trocknen
Äpfel lassen sich besonders einfach trocknen. Hierzu die Früchte in dünne Ringe schneiden und mit etwas Zitronensaft beträufeln, damit sie nicht braun werden. Dann die Scheiben über Nacht bei 50 °C im Backofen trocknen und dabei die Tür einen Spaltbreit offen lassen.

HERBST & WINTER

Schritt für Schritt: Obstbaum pflanzen

Kluge Gärtner sorgen vor und pflanzen schon jetzt fürs nächste Jahr. Im Herbst gesetzte Bäumchen und Sträucher wachsen besser an und haben im Frühjahr einen deutlichen Wachstumsvorsprung!

DAS BRAUCHT'S ALS STARTHILFE

Spaten · Pflock · Axt oder Hammer · Bindeschnur · Gießkanne

① Das Pflanzloch muss etwas größer sein als der Topfdurchmesser. Zur Kontrolle ab und zu den Kübel ins Loch stellen, dann gräbt man nicht zu tief und breit.

Obstbäume wie auch Beerensträucher wachsen besonders gut an, wenn sie im Herbst in den noch warmen Boden gesetzt werden. Sie bilden dann schon ein paar neue Wurzeln, bevor sie sich auf den Weg in die Winterruhe machen. Mit den ersten wärmenden Sonnenstrahlen im Frühjahr kann es dann so richtig losgehen mit dem Austrieb von Blättern und Blüten. Lockern Sie die Erde an den Seiten und auf dem Grund des Pflanzlochs etwas auf, damit das Bäumchen besser anwachsen kann. Die früher oft empfohlene Zugabe von Kompost ist nicht unbedingt nötig. Viel wichtiger ist eine regelmäßige Bewässerung in den ersten zwei Jahren nach dem Pflanzen, bis sich das Bäumchen richtig etabliert und viele Wurzeln gebildet hat. Den Knoten am Pflock sollten Sie etwa 1 Jahr später erneuern, damit der Strick nicht in die Rinde einwächst. Nach spätestens zwei Jahren kann der Pflock dann ganz entfernt werden.

Bei Containerpflanzen, also getopften Bäumen, schlage ich den Pflock schräg ein, denn wenn man ihn durch den Ballen treibt, werden viele Wurzeln verletzt. Bei wurzelnackten Bäumen den Pflock gerade einschlagen und den Baum daneben stellen.

Der Stamm sollte nicht am Pflock schubbern, deshalb wird die Bindeschnur wie in einer Acht ein paarmal um Stamm und Pflock gewickelt, dann um die Mitte herum und festgebunden. Den Sitz der Schnur regelmäßig kontrollieren, denn sie darf nicht einwachsen.

Das Wichtigste kommt zum Schluss: jede Menge Wasser, und damit mindestens 10–15 l pro Baum. So wird die Erde dicht an die Wurzeln geschwemmt, und diese können gleich anwachsen.

Der zweite Spitzentrieb muss weg, auch alle dünnen Seitentriebe werden abgeschnitten. Übrig bleiben drei kräftige, gleichmäßig um den Stamm verteilte Seitenäste.

 HERBST & WINTER

Reif für den Winter

Nach dem Herbstfinale kommt der Garten Ende November allmählich zur Ruhe – nicht so der Selbstversorger. Denn auf den Gemüsebeeten gibt es immer noch ein bisschen etwas zu ernten und zu tun!

Wenn die Nächte kühler werden, sich Tau und vielleicht sogar schon der erste Raureif auf den Beeten niederschlägt und die Bäume ihre Blätter verlieren, dann ist es an der Zeit, den Garten winterfest zu machen.

Gut geschützt

Unter einer schützenden Vliesabdeckung (→ Seite 111) können Pastinaken, Lauch und Co. auch im Winter im Beet bleiben und an frostfreien Tagen nach Bedarf geerntet werden. Auch Winterspinat und Feldsalat sowie Winterpostelein sollten Sie besser abdecken, damit die Blätter nicht unter nassem Schnee begraben sind. Eine Befestigung mit Pflöcken bzw. Beschwerung der Ränder mit Brettern, Ziegeln oder Steinen verhindert, dass der Wind die Abdeckung wegweht oder zerreißt. Die feinen Vliese in Braun oder Weiß sind in unterschiedlichen Dicken bzw. Stärken erhältlich. Besser als eine dicke Schicht sind zwei oder mehrere Lagen übereinander, die Sie je nach Bedarf auf- und abdecken können. Eine Matte aus Stroh und/oder Laub schützt die Wurzeln zusätzlich. Das Kraut der Gemüsepflanze sollte immer über das Stroh herausragen.

Grünkohl zeigt dem Frost die kalte Schulter und kann den ganzen Winter auf dem Beet (oder im Hochbeet) bleiben.

Gründüngung

Offene, unbedeckte Erde sollte es im Gemüsegarten aus zweierlei Gründen nicht geben: Auf kahlen Flächen machen sich schnell Unkräuter wie Vogelmiere, Hirse oder einjähriges Rispengras breit, die, wenn sie sich erst einmal ausgebreitet haben, nur mühsam entfernt werden können. Außerdem enthält die Erde in den Beeten im Herbst oft noch eine Menge unverbrauchter Nährstoffe, die durch die vermehrten Regenfälle in tiefere Bodenschichten oder sogar ins

Trotz Raureif reiche Ernte: Rotkohl, Lauch, Wirsing, Grünkohl, Kürbis und Zichoriensalate.

Eine Mulchschicht aus Stroh schützt Möhren und Co. vor Kälte und Frost.

Grundwasser gelangen und somit für die Pflanzen im nächsten Jahr unerreichbar sind. Mit einer Gründüngung lässt sich das ganz einfach verhindern. Säen Sie hierzu schnell wachsende Pflanzen wie Bienenfreund, Lupinen, Inkarnatklee, Gelbsenf, Sommerwicken, Winterroggen und Buchweizen in den Beeten aus, welche die Nährstoffe aufnehmen. Die Pflanzendecke schützt den Boden außerdem vor Austrocknung, unterdrückt Unkräuter und lockert die Erde bis in tiefe Schichten durch ihre Wurzeln. Im Frühjahr werden die Gründüngungspflanzen dann abgemäht und eingearbeitet. Sie zersetzen sich rasch, reichern den Boden dadurch mit Humus an und geben die Nährstoffe wieder an ihn ab.

Vorsicht, Mäuse

Die kuschelige Stroh- und Laubabdeckung schützt nicht nur das Gemüse, sondern bietet auch Mäusen einen idealen Unterschlupf – Wintervorratskammer inklusive. Daher kontrolliere ich meine Beete regelmäßig auf unerwünschte Besucher. Sind Mäusegänge vorhanden, ernte ich alle Gemüse ab und lagere Möhren, Pastinaken & Co. im Keller ein.

Obstbäume kontrollieren

Im Oktober bekommen die Obstbäume einen Kalkanstrich. Dieser verhindert, dass sich die Rinde in der Wintersonne ausdehnt und dann bei Frost in der Nacht aufreißt.

Info

Plastikfolie ist als Abdeckung ungeeignet, da sich Schwitzwasser bildet. Außerdem kommt es bei Sonneneinstrahlung zu einem Wärmestau, der die Pflanzen vorzeitig aus der Winterruhe weckt.

HERBST & WINTER

Vitaminvorrat für kalte Tage

Palmkohl
Brassica oleracea var. *palmifolia*

 ☼

Saattiefe: 2 cm | Pflanzabstand: 75 × 50 cm

Aussaat: Vorkultur ab März bis Juni; **Pflanzung:** ab Mai bis Juli/August, ruhig etwas tiefer, sodass der Wurzelhals mit Erde bedeckt ist; **Pflege:** verträgt Hitze, wenn oft gegossen wird; 4 Wochen nach der Pflanzung nachdüngen; **Kulturdauer:** ab Aussaat 7–11 Monate; **Beetpartner:** Kapuzinerkresse, Rote Bete, Mangold, Radicchio und Zichoriensalate.
Sorten: 'Cavalo Nero', 'Nero di Toscana'.
Nährstoffbedarf: hoch.
Ertrag pro Pflanze: 1,5–2 kg

Grünkohl
Brassica oleracea var. *sabellica*

 ☼

Saattiefe: 2 cm | Pflanzabstand: 75 × 50 cm

Aussaat: Vorkultur ab Mai bis Juni; **Pflanzung:** ab Mitte Juni bis Juli/August, ruhig etwas tiefer, sodass der Wurzelhals mit Erde bedeckt ist; **Pflege:** im Sommer bei Hitze reichlich gießen; bis September alle 2 Wochen kalireichen Gemüsedünger geben; **Kulturdauer:** ab Aussaat 7–11 Monate; **Beetpartner:** Rote Bete, Mangold, Zichoriensalate.
Sorten: grün: 'Niedriger Grüner Krauser', 'Ostfriesische Palme', 'Westerländer Winter'; rot: 'Roter Krauskohl'.
Nährstoffbedarf: hoch bis sehr hoch.
Ertrag pro Pflanze: 1,5–2 kg.

Rosenkohl
Brassica oleracea var. *gemmifera*

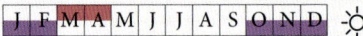 ☼

Saattiefe: 1–2 cm | Pflanzabstand: 75 × 50 cm

Aussaat: Vorkultur ab März bis April; **Pflanzung:** ab Anfang Mai bis Anfang Juni; **Pflege:** bei der Pflanzung stabilen Stützstab mit anbringen; braucht viel Wasser und Dünger, aber nicht zu viel Stickstoff, sonst bleiben die Röschen locker; **Kulturdauer:** ab Aussaat 6–8 Monate; **Beetpartner:** Feldsalat, Ringelblumen, Schnittsalat.
Sorten: 'Hilds Ideal', 'Ideal', 'Rubine' (rötliche Röschen).
Nährstoffbedarf: hoch bis sehr hoch.
Ertrag pro Pflanze: 0,5–1,2 kg.

■ = Voranzucht und Aussaat ■ = Blütezeit ☼ Sonne ◐ Halbschatten ● Schatten

Vitaminvorrat für kalte Tage

Wirsing
Brassica oleracea var. *sabauda*

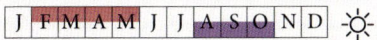 ☀

Saattiefe: 1–2 cm | Pflanzabstand: 60 × 60 cm

Aussaat: Vorkultur ab Februar bis April, ab April bis Mai auch Direktsaat möglich; **Pflanzung:** ab April bis Mai; **Pflege:** Boden muss kalkhaltig sein; beim Anbau auf Sommer- und Herbstsorten achten, außerdem gibt es spezielle Lagersorten; nach dem Pflanzen regelmäßig anhäufeln, nicht austrocknen lassen; **Kulturdauer:** ab Aussaat 3–5 Monate; **Beetpartner:** Sellerie, Tomaten, Lauch. **Sorten:** früh: 'Vorbote'; Herbst: 'Smaragd'; Herbst und Winter: 'Winterfürst'. **Nährstoffbedarf:** hoch.
Ertrag pro Pflanze: 2–3,5 kg.

Sprossenbrokkoli
Brassica oleracea var. *italica*

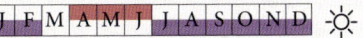 ☀

Saattiefe: 2 cm | Pflanzabstand: 50 × 50 cm

Aussaat: Vorkultur ab Mitte Mai bis Ende Juni; **Pflanzung:** ab Ende Juni/Anfang Juli, vorgezogene Pflanzen tief setzen, dann sind sie standfester; **Pflege:** gut angießen, dann sparsamer, damit sich tiefe Wurzeln bilden; Boden hacken, immer wieder anhäufeln; ab November mit Vlies abdecken, das erleichtert die Ernte bei Schnee; **Kulturdauer:** ab Aussaat 3–7 Monate; **Beetpartner:** Salat, Erbsen, Sellerie, Erdbeeren.
Sorten: 'Early Purple Sprouting'.
Nährstoffbedarf: mittel bis hoch.
Ertrag pro Pflanze: 1–2 kg.

Winterpostelein
Montia perfoliata

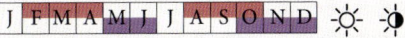 ☀ ☼

Saattiefe: 1 cm | Reihenabstand: 10–15 cm

Aussaat: Direktsaat ab Februar/März bis Anfang Mai und dann wieder ab September/Oktober möglich, da die Samen über 12 °C nicht keimen; **Pflege:** ähnlich wie Feldsalat; nicht austrocknen lassen und ab November mit Vlies abdecken; Winterpostelein ist winterhart, lässt sich aber bei Schnee unter einer Vliesabdeckung leichter ernten; **Kulturdauer:** ab Aussaat 8 Wochen; **Beetpartner:** Rettich, Rucola, verschiedene Wintersalate.
Sorten: keine speziellen Sorten.
Nährstoffbedarf: niedrig.
Ertrag pro Quadratmeter: 0,5–0,8 kg.

HERBST & WINTER

Keim- und Grünsprossen

Frische Vitamine und das Plus an Mineralien – darauf müssen Sie auch im Winter nicht verzichten. Lassen Sie es doch einfach auf der Fensterbank sprießen und keimen!

Sprossen sind im Winter eine perfekte Vitaminquelle. So enthalten Grünsprossen von Rotkohl, Koriander, Rettich und Brokkoli die höchste Konzentration der Vitamine C, K und E; außerdem stecken sie voller gesunder Carotinoide und sekundärer Inhaltsstoffe wie Antioxidantien, deren Konzentration viel höher ist als in den ausgewachsenen Gemüsen. Geballte Power auf kleinstem Raum, und noch dazu völlig anspruchslos! Denn für die Anzucht von Sprossen brauchen Sie weder Mini-Gewächshaus noch Pflanzenleuchten oder automatische Bewässerung. Auf der Fensterbank gezogen, verfeinern Sprossen Suppen und Soßen, peppen Salate auf und sind eine leckere Alternative zu Gemüse.

* **Keimsprossen** wachsen im Dunklen und brauchen kein Licht. Sie sind hell oder cremefarben, verzehrt wird nur der dicke Stiel, denn die Blätter haben sich noch nicht entwickelt. Mungbohnen, Alfalfa, Radieschen, Rettich und Getreide eignen sich wunderbar als Keimsprossen.
* **Grünsprossen** wachsen in Schalen mit etwas Erde problemlos auf der Fensterbank. Sie brauchen Licht und entwickeln knackige, grüne Stiele und Keimblätter. Brokkoli, Erbsen, Grünkohl, Kohlrabi, Rettich, Senf und Rucola sowie Sonnenblumen entwickeln sich in weniger als 2 Wochen. Da Grünsprossen beim Garen matschig werden, sind sie besser als Rohkost oder für Salate geeignet.
* **Microgreens** sind im Prinzip Salate oder Gemüse in Miniaturausgabe, die rasch heranwachsen. Während bei Grünsprossen zumeist nur die Keimblätter und Stängel gegessen werden, haben Microgreens schon »richtige« Blätter. Typische Vertreter sind alle Asia-Salate, Schnittsalat, Kohlrabi, Spinat, Rucola, Rote Bete, Mangold und Pak Choi, die alle an einer hellen und nicht zu warmen Fensterbank gedeihen.

Vitamin-Nachschub für kalte Tage: Grünsprossen wachsen auch auf der Fensterbank.

Clever gemacht

UPCYCLING ZUR SPROSSENANZUCHT

1. Keimsprossen
Für Keimsprossen können Sie ein einfaches Einmach- oder Gurkenglas verwenden, über das mittels Gummi ein Stück Gaze gespannt wird – oder den Deckel wie bei einem Sieb mehrmals mit einem Spieß durchlöchern.

2. Grünsprossen
Grünsprossen wachsen in Aluschalen, Untersetzern, abgeschnittenen Tetrapaks und Plastikschälchen, in denen Obst und Gemüse verpackt waren. Hauptsache wasserdicht, dann können sie auf der Fensterbank stehen.

3. Microgreens
Microgreens oder Minigemüse ziehe ich in kleinen Blumenkästen, da sie mehr Erde brauchen und so weniger schnell austrocknen. Die Erde kann für mehrere Sätze verwendet werden, Sie müssen diese nicht jedes Mal erneuern.

HERBST & WINTER

Winterblues? Von wegen!

Am besten lässt sich jeder noch so kleine Anflug von Winterblues vertreiben, indem Sie sich mit Vorräten aus dem vergangenen Gartenjahr verwöhnen und Pläne für die kommende Saison schmieden!

Das Jahr neigt sich dem Ende zu, im Garten herrscht Winterruhe. Machen Sie es sich gemütlich! Wenn es draußen stürmt, regnet oder schneit, bleibt endlich Zeit, eine Bilanz der vergangenen Gartensaison zu ziehen und sich Gedanken darüber zu machen, was Sie in Ihrem Selbstversorgergarten beibehalten, ändern oder neu gestalten wollen.

> Der Herbst ist die ideale Zeit, ein Hochbeet zu bauen. Dort findet gleich ein Großteil der Erntereste und Gartenabfälle Platz, im Frühjahr dann noch Kompost und Deckerde obenauf – und schon kann es mit der Aussaat losgehen!

Rückblick

Was lief gut? Wo gab es Probleme? Waren bei den angebauten Gemüse Sorten dabei, die unbedingt wieder gesät werden sollen? Oder sind auf der Wunschliste neue hinzugekommen? Gab es Krankheiten und Schädlinge, die eine Änderung im Anbauplan erfordern? Notieren Sie sich alles im Gartentagebuch, denn wenn es in die nächste Saison geht, sind die meisten Knackpunkte vergessen.

Karopapier, Bleistift und bunte Farbstifte, ein Lineal und ein Taschenrechner: Das sind die Zutaten für die Beetplanung – und natürlich Ihr Know-how!

Neuer Anbauplan

Jetzt schon das Frühjahr planen, wo doch gerade die ersten Kerzen auf dem Adventskranz brennen? Definitiv, denn viele besondere oder ungewöhnliche Sorten gibt es nicht in großen Mengen. Da heißt es schnell sein, wenn die neuen Samenkataloge verschickt werden, und gleich bestellen. Berücksichtigen Sie beim neuen Anbauplan die Fruchtfolge, also was im Vorjahr auf den Beeten wuchs und was demgemäß in der kommenden Saison nachfolgen kann. Wollen Sie doch noch ein neues Beet anlegen? Vielleicht ist ja auch eine andere Form der Wege oder Zugänge sinnvoller? War das Gießkannentragen zum Bewässern bequem, oder haben sich Abkürzungen durch die Beete ergeben, die mit Trittplatten oder Planken befestigt werden sollten? Legen Sie dann auf Karopapier die Beete fest und was wann wo gesät und gepflanzt werden soll.

Bauprojekte

Neues Jahr, neues Projekt? Augen auf: Im Herbst sind viele Bausätze für Hochbeete, Frühbeetkästen, Kleingewächshäuser oder Kompostmieten in den Baumärkten und Gartencentern reduziert, da sie bald Platz für neue Ware machen müssen. Hier lohnt es sich, nach Schnäppchen zu suchen.

Größere Bauwerke lassen sich im kahlen Herbstgarten auch viel einfacher aufbauen, da man nicht so sehr Gefahr läuft, in frisch angesäte Beete zu stapfen oder auf zarte Jungpflanzen zu treten.

Werkzeug checken

Um für die neue Saison gut gerüstet zu sein, sollten Sie im Herbst alle Gartengeräte kontrollieren und bei Bedarf reparieren.

* **Grabegabeln und Spaten** werden von Erdresten gesäubert und mit Wasser abgewaschen. Den Rost mit einer Drahtbürste entfernen. Bei Spaten können Sie die Kante mit einer Feile schärfen.
* **Kleingeräten** wie Handschaufeln, Unkrautstechern und Blumengabeln kann eine Grundreinigung ebenfalls nicht schaden. Anschließend trocken aufhängen oder aufbewahren. Das ist vor allem bei Geräten mit Holzgriffen wichtig!
* **Gartenscheren** erst auseinandernehmen, dann gründlich reinigen, die Feder ölen und bei Bedarf die Klingen schärfen.
* **Rasenmäher** halten viel länger, wenn sie im Herbst von Grasresten befreit und die Messer gereinigt und geschliffen werden.
* **Kletterstangen** von Bohnen sollten Sie im Herbst aus dem Beet ziehen und mit einer heißen Seifenlauge abschrubben. Das macht es den Sporen des Bohnenrostes, einer Pilzkrankheit, deutlich schwerer, den Winter zu überstehen.
* **Schubkarren** so aufstellen, dass sich in der Mulde kein Regenwasser sammelt. Sie rosten sonst nur allzu schnell durch.
* **Gießkannen und Schläuche** entleeren, damit sie bei Frost nicht platzen.

Die Saison ist noch nicht vorbei, auch wenn die Beete abgeerntet sind.

Zufällige Pflanzkombinationen können als Anregung zur Beetplanung dienen.

HERBST & WINTER

Auf das Huhn gekommen

Jeden Tag ein frisches Frühstücksei, das hat schon was. Hühner zu halten ist gar nicht so schwer, und obendrein vertilgen die gefiederten Mistkratzer im Garten jede Menge Schneckeneier.

Annette Holländer bewirtschaftet zusammen mit ihrem Partner Hans Sondermeier ihren »Garten des Lebens« zur ganzjährigen Selbstversorgung mit Gemüse. Dazu gehören auch jede Menge Hühner und eine Schar Laufenten zur Vertilgung von Schnecken und deren Eiern in den Beeten. Außerdem liegen ihr der Erhalt und die Vermehrung alter Sorten am Herzen. Der gesamte Anbau erfolgt auf ökologischer Basis und unter Einbeziehung von Permakulturprinzipien.

In unserem Garten haben wir dank der angrenzenden Hühnerwiese, Laufenten und vielen Hofkatzen nur wenig Schnecken und Mäuse.

Worauf ist bei der Hühnerhaltung zu achten?
Annette Holländer: Wichtig sind ein abschließbarer Stall und im Freigehege Sträucher oder andere Unterschlupfmöglichkeiten, da Hühner sonst Opfer von Füchsen und Greifvögeln werden. Sie müssen zu ihrem Schutz die Nacht über im Stall verbringen. Zur laufenden Pflege gehören täglich Futter und frisches Wasser sowie eine regelmäßige Stallreinigung. Vor der Anschaffung von Hühnern ist also gut zu überlegen, ob man die nötige Zeit und Sorgfalt gewährleisten kann.

Machen sich Hühner nicht auch über das Gemüse im Garten her?
Annette Holländer: Frei im Garten gehalten ziehen Hühner das Gemüse durchaus in Mitleidenschaft. Schließlich picken und scharren sie ausgiebig nach Nahrung, und auch ein zarter Salat wird dabei nicht verschmäht. Daher sollten Hühner außerhalb der Anbauflächen bleiben. Am besten eignen sich mobile Ställe oder Gehege, die mit einem Steckzaun abgegrenzt sind. So können die Flächen regelmäßig gewechselt werden. Geschieht dies rund um den Gemüsegarten und im Herbst auch in abgeernteten Beeten, vertilgen die Hühner dort kleine Schnecken, Schneckeneier und anderes Getier. Auf diese Weise helfen sie, die unbeliebten Nacktschnecken nachhaltig zu dezimieren.

Achtung, jetzt komm ich! Jedes Huhn hat seinen eigenen Charakter. Manche sind forsch und mutig, andere schüchtern und halten sich eher im Hintergrund.

Auch wenn der Hahn immer ein wachsames Auge auf seine Hennen hat, ist ein abschließbarer Stall wichtig, in dem die Hühner in der Nacht, vor Fressfeinden wie Fuchs und Marder geschützt, sicher und ruhig schlafen können.

Tiefer geht immer! Hühner scharren und wühlen nicht nur auf der Suche nach Insekten und Larven, sondern baden sich auch gerne in Sand oder trockener Erde. Das gehört zur täglichen Gefiederpflege. Im normalen Gemüsebeet sollten sie sich daher nicht austoben.

Gibt es Rassen, die du besonders für Einsteiger empfehlen kannst? Und wie viele Eier legt ein Huhn eigentlich pro Jahr?

Annette Holländer: Hybridhühner in der kommerziellen Eierproduktion legen über 300 Eier jährlich. Allerdings werden über Futter, Licht und Temperatur künstlich Bedingungen für eine solche Legeleistung geschaffen. Außerdem werden die Tiere vor der Mauser, der Erneuerung des Federkleids, ausgewechselt. Natürlich gehaltene Hühner leben wesentlich länger und unterliegen den saisonalen Gegebenheiten. In der kalten Jahreszeit und in der Mauser können Hühner daher auch mal einige Wochen keine Eier legen. Beliebte, alte Hühnerrassen, die etwa 150–200 Eier im Jahr legen, sind z. B. das Rhodeländer Huhn oder die Marans mit ihren ungewöhnlichen schokobraunen Eiern.

Du hast in deiner Hühnerschar auch Hähne dabei? Welche Aufgabe haben die denn?

Annette Holländer: Natürlich ist der Hahn für die Befruchtung der Eier zuständig. Aber er passt auch auf seine Hühner auf, warnt sie vor Feinden, und so mancher Hahn hat sich schon einem Fuchs oder Habicht zum Schutz der Damen entgegengestellt. Zu beachten ist jedoch, dass Hähne bereits in den frühen Morgenstunden krähen. In Wohngebieten kann dies schnell zu Ärger führen. Am besten vorher mit den Nachbarn sprechen und im Zweifelsfall auf einen Hahn verzichten.

AUSSAAT-, PFLANZ- UND ERNTEKALENDER

Winterlinge und Krokusse

Radieschen

Salat

Rote Johannisbeere

		Jan.	Feb.	März	April	Mai	Juni	Juli	Aug.	Sept.	Okt.	Nov.	Dez.
Asia-Salat					🟧	🟧	🟧	🟧	🟧	🟧			
							🟪	🟪	🟪	🟪	🟪		
Aubergine				🟥	🟥			🟩		🟪	🟪		
Basilikum				🟥	🟥	🟩	🟩						
							🟪	🟪	🟪	🟪			
Bohne	Buschbohne					🟧	🟧		🟪	🟪			
	Stangenbohne					🟧	🟧		🟪	🟪			
Brokkoli					🟥	🟥		🟧					
						🟩	🟩		🟪	🟪	🟪		
Dill						🟧	🟧	🟧					
							🟪	🟪	🟪	🟪			
Erbse					🟧	🟧			🟪	🟪			
Feldsalat		🟪						🟧	🟧	🟧	🟧	🟪	🟪
Fenchel	Gewürzfenchel			🟥		🟩	🟩		🟪	🟪			
	Knollenfenchel				🟥	🟧	🟧		🟪	🟪			
Grünkohl		🟪					🟧					🟪	🟪
Gurke						🟩	🟩	🟪	🟪	🟪			
Kartoffel				🟥	🟥	🟩		🟪	🟪	🟪	🟪		
Kerbel					🟧	🟧		🟧	🟧				
Kohl	Chinakohl						🟥	🟥	🟧		🟪	🟪	
	Kopfkohl, Wirsing		🟥	🟥	🟥	🟩	🟩			🟪	🟪		
Kohlrabi				🟥	🟧	🟧	🟧		🟪	🟪			
Kürbis					🟥	🟩	🟧			🟪	🟪		
Mangold					🟧	🟧	🟩		🟪	🟪	🟪		
Möhre (Karotte)					🟧	🟧		🟪	🟪	🟪	🟪	🟪	
Paprika und Peperoni (Chili)			🟥	🟥			🟩		🟪	🟪			
Pastinake					🟧	🟧				🟪	🟪	🟪	🟪
Petersilie					🟧	🟩	🟧	🟧	🟧	🟪	🟪	🟪	

🟥 = Vorkultur 🟧 = Direktsaat (Freiland) 🟩 = Pflanzung 🟪 = Ernte

Aussaat-, Pflanz- und Erntekalender

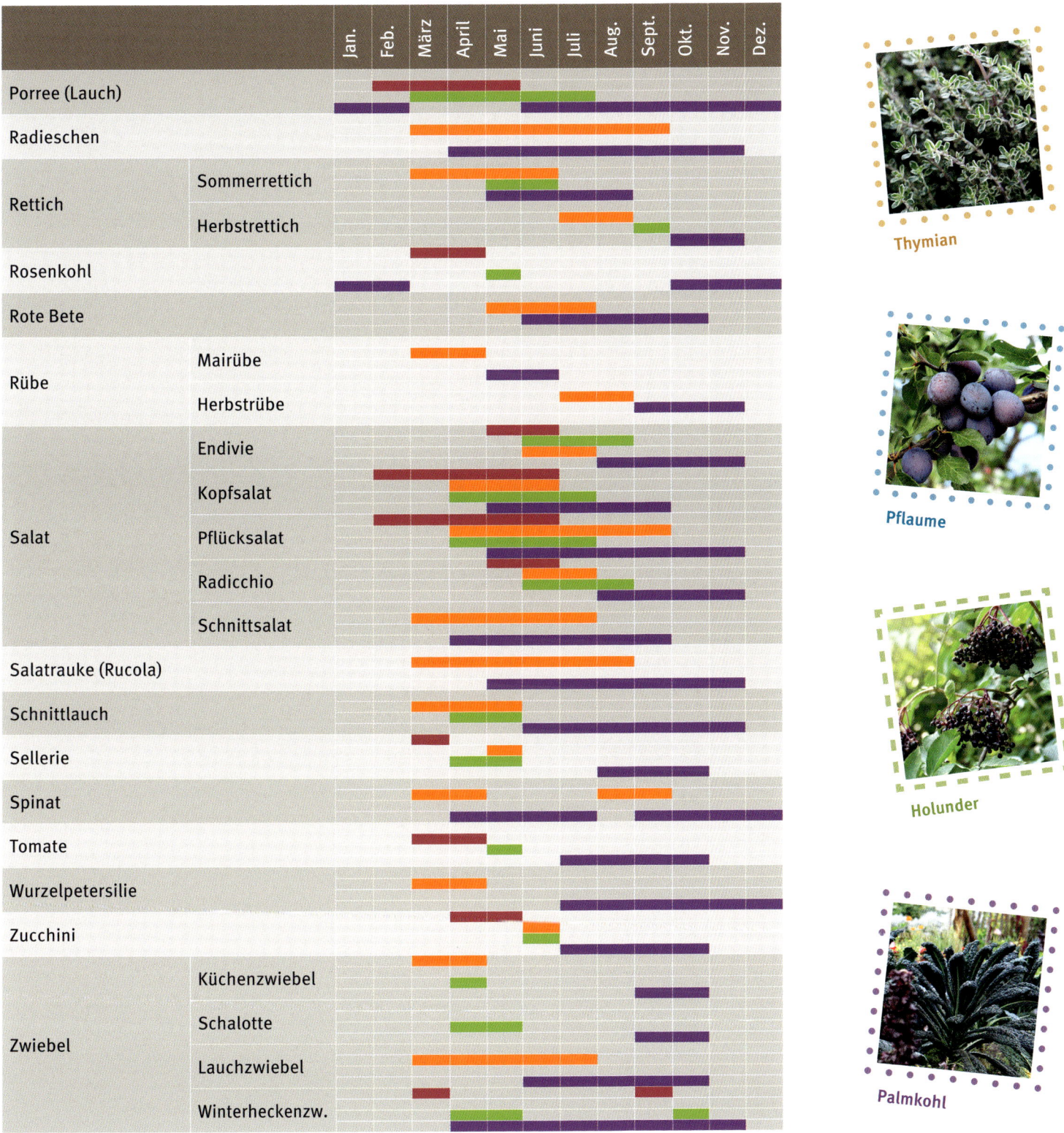

Thymian

Pflaume

Holunder

Palmkohl

Adressen und Literatur

Pflanzen und Saatgut

Obstbäume und Beerensträucher
www.alte-obstsorten-online.de
www.garten-allmendinger.de
www.garten-schlueter.de
www.haeberli-beeren.ch
www.kornelkirsche.eu
www.lubera.com
www.obstbaeume.de
www.pflanzenboerse-online.de
www.pflanzenhof-online.de

Saatgut
www.as-garten.de
www.beetfreunde.de
www.bingenheimersaatgut.de
www.bio-saatgut.de
www.blauetikett.de
www.dreschflegel-saatgut.de
www.fesaja-versand.de
www.garten-schlueter.de
www.garten-wn.de
www.gartenversandhaus.de
www.hof-berggarten.de
www.jelitto.com
www.natura-samen.de
www.naturgarten.org
www.neudorff-wildgaertner.de
www.pflanzenfee.at
www.rieger-hofmann.de
www.saat-24.de
www.saatgut-manufaktur.de
www.saatgut-vielfalt.de
www.saatkontor.de
www.saemereien.ch
www.samen-frese.de
www.samen-gernand.de
www.samen.ch
www.samenfest.de
www.samenhaus.de
www.sperli-versand.de
www.tom-garten.de

Kräuter
www.bio-kraeuter.de
www.druwido.de
www.gaertnerei-strickler.de
www.helenion.de
www.herb-s.de
www.kraeuter-simon.com
www.kraeuter-und-duftpflanzen.de
www.kraeutergaertnerei-simon.de
www.kraeutergarten-gottschling.de
www.lichtenborner-kraeuter.de
www.muenchschwanderhof.de
www.syringa-pflanzen.de
www.valeriana-kraeuter.de

Hochbeete

www.bauer-holz.at
www.fmh-metall.de
www.garten-freizeit-profi.at
www.gartenfrosch.com
www.gartenmetall.de
www.geflechthochdrei.de
www.gerwing.de
www.hochbeet-huchler.de
www.hochbeet-vivere.com
www.hochbeet.co.at
www.hochbeet.com
www.hortico.de
www.manufaktur-scheibinger.de
www.stima-hochbeet.de
www.top-gewaechshaus.de
www.ums-metall.de
www.wg-holzideen.at

Torffreie Pflanzerde

Gibt's im Gartenfachhandel, Gartencenter oder Baumarkt.
Empfehlenswert sind:
* Compo, Bio Hochbeeterde, torffrei
* Floragard, Bio Tomaten und Gemüseerde ohne Torf
* Neudorff, Neudohum Tomaten- und Gemüseerde
* Ökohum Bio-Universalerde ohne Torf
* Hochbeeterde FloraSelf Nature

Pflanzenschutz

www.biohelp-shop.de
www.katzbiotech.de
www.nuetzlinge-shop.de
www.neudorff.de
www.schneckenprofi.de

Schutzvorrichtungen

Gemüsekäfige
www.woodsteel.de

Kulturschutznetze
www.garten-wn.de
shop.obstzentrum.de

Drahtkörbe
www.wuehlmaus-stop.de

Tomatendächer
www.beckmann-kg.de

Literatur und Bildnachweis

Bücher, die weiterhelfen

* Haas, H.: Pflanzenschnitt. Gräfe und Unzer Verlag, München
* Holländer, A.: Biogemüse anbauen. Edition Michael Fischer, München.
* Hudak, R.: Kräuter selbst anbauen. Gräfe und Unzer Verlag, München
* Kluth, S.: Selbstversorgt – Das Startprogramm für Einsteiger. Gräfe und Unzer Verlag, München
* Roesberger, R.: Selbstversorgung Gräfe und Unzer Verlag, München
* Kötter, E.: Küchenkräuter in Töpfen. Gräfe und Unzer Verlag, München
* Kullmann, F.: Gärtnern mit dem Hochbeet. Gräfe und Unzer Verlag, München
* Kullmann, F.: Hoch das Beet. Gräfe und Unzer Verlag, München
* Kullmann, F.: Lifehacks – Garten. Gräfe und Unzer Verlag, München
* Oftring, B.: Wird das was oder kann das weg? Kosmos Verlag, Stuttgart
* Rakers, J.: Homefarming. Gräfe und Unzer Verlag, München
* Treml, F. X.: Der Kräuter-Coach. BLV Verlag, München
* Feder, J.: Der Pflanzenretter. Gräfe und Unzer Verlag, München
* Schlieber, K.: Prinzip Permakultur. Gräfe und Unzer Verlag, München
* Storl, W. D.: Die Unkräuter in meinem Garten. Gräfe und Unzer Verlag, München
* Breckwoldt, M.: Selbstversorger-Balkon. BLV Verlag, München
* Quickfinder Gartenjahr. Gräfe und Unzer Verlag, München

Spannende Blogs

www.bio-balkon.de
www.garten-des-lebens.de
www.garten-fraeulein.de
www.kraeutergaertnern.de

Bildnachweis

Cover: **Stocksy**
Elke Borkowski: U2-8, 21-1, 24, 28, 40, 41-1, 52-1, 61-1, 90, 101-2, 131-3, U3-2; **F1online:** U2-7, 2/3, 7-2, 9-1, 11-2, 15-1, 15-3, 20, 78, 88, 92-1, 92-2, 98-3, 110; **Flora Press:** U2-4, 30-4, 53-1, 62-3, 66-2, 66-3, 71-1, 83-2, 93-3, 99-3, 103-1, 103-2, 104-1, 105-1, 105-2, 109-1, 117-2, 123-3, 131-2, U3-7; **GAP Photos:** U2-1, 27-1, 57-2, 59-1, 59-2, 59-3, /Thomas Alamy 74, 80-1, 82-1, /Dave Bevan 95-1, 98-2, 104-2, /Thomas Alamy 111-1, /Richard Bloom 117-1, 122, /Pernilla Bergdahl 123-2, /Juliette Wade 127-1, Martin Hughes-Jones 128-2, Photos/Mark Winwood 128-3; gartenfoto.eu/Martin Staffler: 25-2, U3-4; **Getty images:** 108; **GU/Kristijan Matic:** 16, 19-1, 21-2, 27-1, 76, 77-1, 77-2, 77-3, 124-6, 125-1, 125-2, 125-3, 125-4, U3-6; **GU/gartenfoto.eu/Martin Staffler:** U2-3, U2-9, 25-1, 33-2, 42-7, 43-1, 43-2, 43-3, 43-4, 48-6, 49-1, 49-2, 49-3, 49-4, 73-2, 73-3, 75-1, 81-1, 86-6, 87-1, 87-2, 87-3, 87-4, 91-2, 97-2, 99-2, 101-3, 109-2, 127-2, 136-4, U3-3, U3-5; **Leena Hokka:** 8, 14-2, 41-2, 47-2, 51-3, 54, 55-1, 56-2, 57-1, 58, 61-2, 64, 66-1, 67-1, 67-3, 68, 69-2, 70-2, 70-3, 71-2, 111-2, 115-2; **imago:** 11-1, 13-2, 38, 52-2, 63-1, 79-2, 83-3; **Living4media:** 46, 133-1; **Kristijan Matic:** 19-2, 45-1, 72-1, 72-2, 72-3, 89-1, 94-3, 95-1, 95-3, 121-1, 134, 135-1, 135-2, 135-3; **Mauritius images:** 6, 15-2, 26, 31-2, 33-1, 34, 35-1, 39-1, 65-2, 69-1, 80-2, 84, 93-2, 98-1, 99-1, 112, 113-1, 115-1, 129-2, /Heinz Hauser/botanikfoto/Alamy 126; **Kerstin Mumm:** 36, 37-1, 37-2, 37-3; **Plainpicture:** 12, 120; **Guido Sachse:** 100-1; **Birgit Schattling:** 106, 107-1, 107-2, 107-3; **Shutterstock:** U2-2, U2-3, U2-6, 10, 14-1, 29-1, 35-2, 45-2, 53-2, 55-2, 60, 63-3, 71-3, 73-1, 75-2, 79-1, 81-2, 82-3, 83-1, 85-1, 85-2, 89-1, 92-3, 93-1, 94-2, 97-1, 102, 104-3, 113-2, 116, 118-1, 118-2, 118-3, 119-1, 119-2, 119-3, 121-2, 130-1, 136-2, 136-3, 137-1, 137-2, 137-3; **Stockfood:** 123-1, 131-1, 114; **Friedrich Strauß:** 32, 44, 51-1, 51-2, 91-1, 96, 136-1, 100-3, 105-3, 130-2; **Annette Timmermann:** 7-1, 13-1, 18, 22, 23-1, 23-2, 29-1, 31-1, 39-2, 47-1, 50-2, 56-1, 56-3, 57-3, 62-1, 62-2, 63-2, 65-1, 67-2, 70-1, 82-2, 128-1, 129-1, 129-3, 133-2, 137-4, U3-1, U3-8; **Andreas Vietmeier:** 094-1, 100-2, 101-1.

Illustrationen
Silvia Bespaluk: 42-1, 42-2, 42-3, 42-4, 42-5, 42-6, 48-1, 48-2, 48-3, 48-4, 48-5, 86-1, 86-2, 86-3, 86-4, 86-5, 124-1, 124-2, 124-3, 124-4, 124-5; **Heidi Janicek:** 9-2, 17-1, 17-10, 17-2, 17-3, 17-4, 17-5, 17-6, 17-7, 17-8, 17-9, 30-1, 30-2, 30-3, 50-1, 65-3, 132; **Sanny van Loon/Shop Around:** Umschlag

Seasons Agency:
www.seasons.agency

Register

Halbfett gesetzte Seitenzahlen verweisen auf Abbildungen.

A

Abhärten 51
Ableger, Erdbeeren 75, **75**
Ackerschachtelhalm 85, **85**
Anbau
   geschützter 28
   in Sätzen 23
   -plan 22
Ansprüche 18
Apfel 104, **104**
Apfelblüte 32, 33, **33**
Apfelpflücker 121, **121**
Apfelwickler 100, **100**
Appel, Silvia 76
Artenwahl 11, 14
Asia-Salat 61, 62, **62**
Astschere 17, **17**
Ausdünnen 47
Ausgeizen 81, **81**
Aussaat 46–49, **46–49**, 59, **59**

B

Backpulver 95
Balkongärtnern 106
Barbarakraut 117
Bärlauch 117
Basilikum 92, **92**
Beerenfrüchte 96, **96**, **97**
Beet anlegen 42–43, **42–43**
Beeteinfassung 12, 41
Beeteinteilung **24**
Beinwell 85, **85**
Bestäubung 13
Bienen 9, 76
Birne 104, **104**
Blattgemüse 60
Blattläuse 94, **94**
Blautafeln 101

Boden
   leichter 40
   schwerer 40
Bodenverbesserung 40
Bodenvorbereitung 40
Bohne, Burkhard 36
Bohnen 58
   Busch- 58, **58**, 83, **83**
   Stangen- 58, 83, **83**
   Dicke 58
Breitsaat **49**
Brennnesseljauche 84, **84**, 86–87, **86–87**
Brokkoli, Sprossen 129, **129**
Brombeere 98, **98**
Brühen, Pflanzenschutz 84
Brunnenkresse 117
Bundzwiebel 68
Buschbohne 58, **58**, 83, **83**

C

Chili 81

D

Direktsaat 46
Doldenblütler 25
Dost 93, **93**
Dünger 19, **19**

E

Eberesche 119, **119**
Eichblattsalat 54
Eigenanbau 8
Einfassungen 12, 13, **13**
Einfrieren
   Gemüse 114
   Obst 123, **123**
Einmachen
   Gemüse 114
   Obst 123, **123**
Einpflanzen 51, **51**
Einsteigerbeet 40

Einzelsaat **48**
Endivie 54
Erbsen **18**, **25**, **40**, 83, **83**
   Aussaat 59, **59**
Erdbeeren 74, **74**
Erhaltungsschnitt 103
Ernte
   Gemüse 110, 111
   Obst 120, 121
Erstfrühling 33
Erziehung, Beerenfrüchte 96
Erziehungsform 102
Erziehungsschnitt 103

F

Feldsalat 57, **57**
Fenchel 67, **67**
Fensterbank 46
Flüssigdünger **19**
Folientunnel 29
Foraging 116, **117**
Frisée 54
Fruchtfolge 24
Frühherbst 35
Frühlingszwiebel 68, 70, **70**
Frühsommer 34
Fuchsschwanzgewächse 25

G

Gänseblümchen 117
Gänsefußgewächse 25
Garten Fräulein 76
Gartengröße 12
Gartenschere 17, **17**
Gartenschlauch 89
Gelbtafeln 101, **101**
Gemüse lagern 112, 113
Gemüseanbau 8
Gemüseernte 110, 111
Gemüsefliegen 28, 94
Gemüsenetze 29, 94, **94**

Gemüsezwiebel 68, 70, **70**
Geräte 16
Geschützter Anbau 28
Giersch 117
Gießen 18, 88
Gießhilfe 89, **89**
Gießkanne 17, **17**, 89
Grabegabel 16, **16**, 17, **17**
Größe, Garten- 12
Grundausstattung 16
Gründüngung 126
Grünkohl 128, **128**
Grünsprossen 130, 131, **131**
Guter Heinrich 117

H

Hacken 17, **17**
Hagebutte 119, **119**
Halbschatten 18
Handschaufel 17, **17**
Harke 17, **17**
Haselnuss 118, **118**
Heidelbeere 98, **98**
Herbstrübe 61
Himbeere 97, 98, **98**
Himbeerrutensterben 101, **101**
Hirse 73, **73**
Hochbeet 44, 45, **45**
Hochsommer 34
Holländer, Annette 134
Holunder, Schwarzer 118, **118**
Honig 79, **79**
Hügelbeet 44, **44**
Hühner 9, 134, 135, **135**
Hülsenfrüchte 25

I

Imkern 76, **76**
Interviews
　Balkongärtnern 106
　Bienen 76
　Urban Gardening 36
Hühner 134

J

Jäten 73, **73**
Jauchen 84
Johannisbeerblasenlaus 101, **101**

Johannisbeere 96, **96**, **97**, 99, **99**
Jungpflanzen 23, **46**, **47**, 50, **50**

K

Kalkanstrich 100, **100**, 127
Kaltwasserauszug 85
Kartoffeln 15, **15**, 52, **52**, 53
Keimsprossen 130, 131, **131**
Kirschen 105, **105**
Knoblauch 69, **69**, 71, **71**
Knoblauchsrauke 117
Knollensellerie 67, **67**
Kohlgewächse 25
Kohlrabi 63, **63**
Kohlrübe 61
Kompost 20, **20**, 21
Kopfsalat 54, 56, **56**
Korbblütler 25
Kornelkirsche **116**, 119, **119**
Krankheiten
　Gemüse- 95
　Obst- 100, 101
Kraussalate 54
Kraut- und Braunfäule 95, **95**
Kräuter 90, **90**, 91, **91**
Krokus **32**
Küchenzwiebel 68, 70, **70**
Kürbisgewächse 25

L

Lagern
　Gemüse 112, 113
　Obst 122, 123
Lauch 69, **69**, 71, **71**
Lauchgewächse 25
Lauchzwiebel 68, 70, **70**
Lehmboden 40
Leimring 100
Licht 18
Löwenzahn 117

M

Mairübe 61
Mangold 60, **61**, 62, **62**
Markerbse 58
Mäuse 127
Mehltau 95, **95**, 100, **100**
Mengenplanung 22

Microgreens 130, **130**, 131, **131**
Milchspritzbrühe 95
Mirabelle **103**, 104
Mischkultur 26, **26**, **27**
Mittelzehrer 24
Möhre 64, **64**, 66, **66**
Monats-Erdbeere 74
Mulch 72, **72**

N

Nachtschattengewächse 25
Nährstoffbedarf 24
Nährstoffe 19
Netze 94, **94**
Nüsse 118, **118**
Nutzgärten 12
Nützlinge 30

O

Obstanbau 8, 102
Obstbaum pflanzen 124–125
　Schnitt 102, 103
Obst
　ernten 120, 121
　lagern 122, 123
Opferpflanzen 31
Oregano 93, **93**

P

Pak Choi 61, 63, **63**
Palerbse 58
Palmkohl 128, **128**
Paprika **80**, 81, 82, **82**
Pastinake 65, **65**, 66, **66**
Peperoni 81
Petersilie 92, **92**
Petersilienwurzel 66, **66**
Pflanzen, für Jauchen 85
Pflanzen, richtig 51, **51**
Pflanzenfamilien 25
Pflanzenschutz, biologischer 84
Pflanzschnitt 103
Pflaume 104, **104**
Pflaumenwickler 100
Pflücksalat 54, 57, **57**
Phänologie 32 ff.
Phasein 58
Planung 12

REGISTER

Platzbedarf 10
   Obst 102
   Gemüse 12
Porree 69, **69**, 71, **71**
Portulak 72, **72**

Q

Quitte 105, **105**
Quitten ernten 121

R

Radicchio 54
Radieschen 63, **63**
Rasenmäher 17, **17**
Raupen 94, **94**
Regenschutz, für Tomaten **80**
Regenwasser 18
Reihensaat **49**
Reneklode 104
Rettich 67, **67**
Romanasalat 54, 56, **56**
Rosengewächse 25
Rosenkohl 128, **128**
Rosmarin 93, **93**
Rote Bete 61
Rotkohl **34**
Rüben 60, **61**

S

Saatbänder 47
Salat 51, **51**, 54, **54**, 55
Samenechte Sorten 14
Sandboden 40
Sandkiste 113, **113**
Satz, Anbau-, Anbau in Sätzen 23
Sauer einlegen, Gemüse 115, **115**
Sauerampfer 117
Sauerkirsche 105, **105**
Sauerklee 72, **72**
Schädlinge
   Gemüse- 94
   Obst- 100, 101
Schalotte 68, 70, **70**
Schatten 18
Schattling, Birgit 106
Schere 16
Schlauch 89
Schmetterlingsblütler 25

Schnecken 31
Schneckenzaun 41
Schnitt, Obstbaum- 102, 103
Schnittlauch 92, **92**
Schnittsalat 54, 56, **56**
Schubkarre 17, **17**
Schwachzehrer 24
Sellerie, Knollen- 67, **67**
Setzlinge 50, **50**
Sonne 18
Sorten
   regionale 102
   samenechte 14
   -wahl 11, 14
Spargelsalat 57, **57**
Spaten 16, **16**, 17, **17**
Spätherbst 35
Spätsommer 34
Spinat 60, 62, **62**
Spritzmittel, biologische 95, **95**
Sprossenbrokkoli **14**, 129, **129**
Stachelbeere 99, **99**
Stangenbohne **22**, 58, 83, **83**
Starkzehrer 24
Stecklinge, Kräuter- 91, **91**
Steckrübe 61
Strohmulch **127**
Süßkirsche 105, **105**

T

Tees 84
Thymian 93, **93**
Tiere 9
Tomate 51, **51**, 80, 82, **82**
Tomatenhaus 29, **80**
Tonboden 40
Trocknen, Obst 123, **123**

U

Unkraut 72, **72**
Unterlage 102
Urban Gardening 36

V

Veilchen 117
Veredelung 102
Vereinzeln 47
Verfrühung 28

Verjüngungsschnitt 103
Vlies 28, **28**, **29**, 126
Vogelbeere 119, **119**
Vollfrühling 34
Vollherbst 35
Vorfrühling 33
Vortreiben, Kartoffeln 53, **53**

W

Wald-Erdbeere 74
Walnuss 118, **118**
Wasser 18
Wässern 88
Wasserschosse 103
Wege 41
Werkzeug 16
Wildgemüse 117
Wildobst 116
Winter 35
Winterheckenzwiebel 68, 71, **71**
Winterpostelein 129, **129**
Wirsing **34**, 129, **129**
Würmer, im Obst 100
Wurzelpetersilie 65, **65**

Z

Zaun 12
Zaunwinde 73, **73**
Zeigerpflanzen 32
Zeitbedarf, Zeitplanung 11
Zichoriensalat 54
Zucchini 15, **15**, 82, **82**
Zuckerhut 54
Zuckerschote 58
Zwetschge **35**, 104
Zwiebeln 15, **15**, 68, **68**, 70, **70**

Gartenlust pur.

ISBN 978-3-8338-4215-3

ISBN 978-3-8338-3937-5

ISBN 978-3-8338-7504-5

ISBN 978-3-8338-4738-7

ISBN 978-3-8338-5165-0

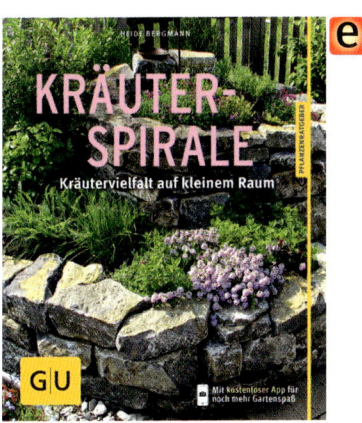

ISBN 978-3-8338-3463-9

e Auch als eBook erhältlich.

Mehr von GU auf **www.gu.de** und
facebook.com/gu.verlag

GU — Willkommen im Leben.

IMPRESSUM

© 2018 GRÄFE UND UNZER VERLAG GmbH, München

Alle Rechte vorbehalten. Nachdruck, auch auszugsweise, sowie Verbreitung durch Film, Funk, Fernsehen und Internet, durch fotomechanische Wiedergabe, Tonträger und Datenverarbeitungssysteme jeglicher Art nur mit schriftlicher Genehmigung des Verlages.

Projektleitung: Vanessa Lotz
Lektorat: Dr. Stefanie Gronau
Bildredaktion: Petra Ender, Folko Kullmann
Umschlaggestaltung und Layout: independent Medien-Design, Horst Moser, München
Herstellung: Petra Roth
Satz: Marion Feldmann
Reproduktion: Longo AG, Bozen
Druck und Bindung: Printer Trento, Trento
ISBN 978-3-8338-6534-3
3. Auflage 2021

 www.facebook.com/gu.verlag

GRÄFE UND UNZER
Ein Unternehmen der
GANSKE VERLAGSGRUPPE

Der Autor

Dr. Folko Kullmann hat in Freising-Weihenstephan Gartenbauwissenschaften mit Schwerpunkt Pflanzenbau studiert und an der Technischen Universität München promoviert. Anschließend arbeitete er in Europas größter Baumschule und im Botanischen Garten Kew, London. Seit 2004 lebt er seine grüne Passion nicht nur im Garten und auf dem eigenen Balkon aus, sondern auch als Buchautor und Gartenjournalist, Lektor und Übersetzer von Gartenbüchern. Seit 2008 betreibt er ein auf Gartenbücher und -magazine spezialisiertes Redaktionsbüro in Stuttgart. Er ist Autor zahlreicher Gartenbücher.

Dank

Jeder Gartenratgeber ist immer das Ergebnis einer kreativen Zusammenarbeit eines Teams. Daher möchte ich mich bei den Mitarbeiterinnen von GU, Vanessa Lotz, Nadja Harzdorf, Natascha Klebl und Petra Roth, sowie bei meiner Lektorin Stefanie Gronau bedanken für die kritischen und konstruktiven Anmerkungen. Die persönliche und freundschaftliche Zusammenarbeit war immer bereichernd und hat viel Freude bereitet. Petra Ender gilt mein Dank für die Hilfe bei der Suche nach den besten Bildern, denn ohne Bilder kommt kein Buch über das Gärtnern aus. Das inspirierende Layout, entwickelt von Independent Medien-Design und umgesetzt von Marion Feldmann, gibt dem Ganzen einen Rahmen, der Lust macht, nach der Lektüre draußen im Garten loszulegen. Und last, but not least gilt mein Dank meinem Partner Kristijan Matic, der mir nicht nur beim Gärtnern den Rücken freihält, sondern auch mit seinen Bildern einen Beitrag zu diesem Buch geleistet hat.

LIEBE LESERINNEN UND LESER,

wir wollen Ihnen mit diesem Buch Informationen und Anregungen geben, um Ihnen das Leben zu erleichtern oder Sie zu inspirieren, Neues auszuprobieren. Wir achten bei der Erstellung unserer Bücher auf Aktualität und stellen höchste Ansprüche an Inhalt und Gestaltung. Alle Anleitungen und Rezepte werden von unseren Autoren, jeweils Experten auf ihren Gebieten, gewissenhaft erstellt und von unseren Redakteuren/innen mit größter Sorgfalt ausgewählt und geprüft.

Haben wir Ihre Erwartungen erfüllt? Sind Sie mit diesem Buch und seinen Inhalten zufrieden? Wir freuen uns auf Ihre Rückmeldung. Und wir freuen uns, wenn Sie diesen Titel weiterempfehlen, in Ihrem Freundeskreis oder bei Ihrem online-Kauf.

Sollten wir Ihre Erwartungen so gar nicht erfüllt haben, tauschen wir Ihnen Ihr Buch jederzeit gegen ein gleichwertiges zum gleichen oder ähnlichen Thema um.

KONTAKT ZUM LESERSERVICE
GRÄFE UND UNZER VERLAG
Grillparzerstraße 12
81675 München
www.gu.de